"Nomadonomics. Ideas filosóficas, económico-políticas e inspiracionales para ilimitar el empleo. Consideraciones especiales para el caso de Argentina."

Augusto César Lapeyre.

Primera Edición. Ciudad Autónoma de Buenos Aires; junio de 2019.
ISBN: 978-987-86-0860-0
1. Filosofía. 2. Economía. 3. Filosofía Política. 4. Inspiración.

Augusto César Lapeyre: Abogado, Economista, Licenciado en Ciencias Políticas. Profesor de "Economía Política y Economía Argentina" en la Universidad de Buenos Aires (UBA, Facultad de Derecho), de "Introducción al Derecho" en la Universidad de Ciencias Económicas y Sociales (UCES), de "Filosofía y Ética Profesional" en el Instituto Superior de Seguridad Pública (ISSP), de "Realidad Económica" y "Economía Laboral" en la Universidad de la Empresa (UDE, Colonia del Sacramento, Uruguay). Da un Taller de filosofía abierto al público titulado "Filosofía para Ilimitarnos".

Contacto: augustolapeyre@derecho.uba.ar; nomadaugusto@gmail.com .

Créditos imagen de portada: Nadiia Forkosh; 123RF. ¡Gracias!

INDICE

LLAVE 15		Liberar las fuerzas productivas amarradas.
LLAVE 16		Conectar, conectar, conectar.
LLAVE 17		Algoritmización o Barbarie.
LLAVE 18		Habrá algoritmos en competencia y los algoritmos serán ofertantes y demandantes de empleo.
LLAVE 19		Capitalizar las experiencias de todos los intercambios y del empleo.
LLAVE 20		Empleo y aprendizaje. Universidad del Futuro.
LLAVE 21		Hacer amigable la cuestión de la tecnología y el empleo, motivando el interés por aprender y futurizarse.
LLAVE 22		Alinearse a la consistencia.
LLAVE 23		"Contratos de Sinergia Digital". Estimular "la llegada" del "inmigrante digital".
LLAVE 24		"Redópolis".
LLAVE 25		Contrasentidos, incongruencias y presuposiciones dogmáticas al pensar el empleo.
LLAVE 26		Principios para pensar el Empleo.
LLAVE 27		Perspectivas Futuras.
LLAVE 28		Epílogo.
LLAVE 29		GYM.
LLAVE 30		Síntesis de los "Desafíos" y "Propuestas".
LLAVE 31		Cuerpo de notas.
LLAVE 32		Bibliografía y otras fuentes.

LLAVE 1
Estimado lector humano o maquínico, ¡HOLA!
Evaluando SUPER TENDENCIAS.

Primera llave.

Derecho de autor de la imagen: shamain; 123RF.

Hay vigorosas tendencias para que todo pueda conectarse con todo, todas las "cosas" incrementen su autonomía y potencien su "inteligencia" y "capacidad afectiva". Lo que probablemente advenga es mucho más amplio y exuberante que lo que se suele estimar: todo "enunciado" o "gesto vital" ("humano" y "no humano") podrá relacionarse con todo lo demás, multiplicidando e impulsando una potenciación inédita a cada segundo que pase.

"Internet de las cosas" sí, pero el asunto va más allá: la potencia algorítmica podrá tratar toda "idea" como un "brote" para ser expandido con vocación infinita e ilimitada.

El mundo se está transformando de manera sorprendente. En poco tiempo será irreconocible y mejor que no nos anclemos en una perspectiva de pensamiento basada en el "reconocimiento", pues eso será débil y poco atinente.

Hay una variedad de **TENDENCIAS** que se afectan recíprocamente y que condicionarán el empleo futuro. Las que estimo son las mejores candidatas y que apunto en este momento, son:

1. Se entra en una economía que en muchos aspectos mostrará efectos exponenciales, es decir, gigantescas "diferencias de grado".

2. De manera concomitante y quien sabe más importante que las enormes "diferencias de grado", operarán "diferencias de naturaleza", es decir, cambios que sea menester pensarlos de otras maneras, quedando "lo exponencial" un tanto "corto" para la explicación de la transformación.

3. El "mundo", el "cuerpo", las "funciones mentales", la "naturaleza", la "vida", se están "desterritorializando" de manera acelerada.

4. Se desplegará un "Perspectivismo" innovador que concebirá y consagrará "buenos encuentros" entre nuevas relatividades espacio-temporales. Las aplicaciones tipo Uber no sólo maximizan contratos beneficiosos para las partes, sino que maximizan "espacios-tiempos". En última instancia provocarán nuevas concepciones de lo "espacial-temporal" y este tipo de aplicación inteligente se expandirá a todas las actividades.

5. Cobra más gravitación el despliegue y resolución de lo "económico" y lo "social" en términos de "tiempo" ("Aión" y "Cronos"). Esto es congruente con el planteo de Henri Bergson de pensar los problemas más en términos de "tiempo" ("duración") que en términos de "espacio".

6. Toda operación humana tenderá a ser "capitalizada". Todo intercambio no valdrá sólo unitariamente, sino que valdrá más que 1 en tanto capitalizado en el sistema. Una compra-venta de un bien o una lectura de un libro, beneficia a las partes involucradas pero además despliega

un montón de consecuencias que son puestas a trabajar en el sistema, afectando a todas los demás, sea en términos de reputación por la calificación recíproca, por acumular más transacciones que quedan como antecedente, por los comentarios sobre la fiabilidad del producto, etc.

7. Se robustecerá la "Economía de Puntos" sea por ejemplo a través del crecimiento de variadas "monedas virtuales", "créditos" o "puntos", a los efectos de estimular el consumo, ahorro e inversión, la fidelidad de los clientes, la inserción de publicidad ubicua y personalizada, el despliegue de promociones y descuentos, el incentivar al cliente con una respuesta integral a sus deseos (sea por ejemplo incluyendo un servicio de "delivery" "gratis") y elusionar las voraces pretensiones fiscales de los agenciamientos estatalistas. Las recompensas en puntos funcionarán de manera endógena a los diferentes sistemas, reviviendo un estilo "trueque" y buscarán que los comportamientos económicos no queden exteriorizados en precios monetarios atacables fiscalmente.

8. Las ínfulas fiscales promueven no sólo los intercambios inter-personales no exteriorizables en monedas de "base imponible" sino ingentes inversiones "intra-personales": invertir en "uno mismo" y volverse erudito o virtuoso no es gravable en muchas actividades o disciplinas.

9. Todo tiende a conectarse con todo, y es de esperar una reactivación de todo el "pasado" humano. No sólo el "pasado" que fue "presente" alguna vez, sino todo el "pasado" "insistente" y "subsistente", que fue "real" a nivel "virtual", pero no "presente" a nivel "actual".

10. Se excita la producción de una "Normatividad Fluente", una especie de "normactividad" que banca y facilita la conexión de flujos heterogéneos a velocidad de la luz. "Normatividad" que se despliega al mismo tiempo que se inventa y que se propicia la utilización de las

nuevas ofertas productivas. "Normatividad para Singularidades", "Normatividad Long Tail", "Wiki Normatividad", "Normatividad para Internet de las Cosas".

11. Hay sensacionales tendencias que apuntan a volver "inteligentes", "autónomas" y conectables a todas las "cosas", pero esto es una parte de algo más generalizado: todo acontecimiento podrá multiplicado y potenciado en este nuevo juego de fuerzas. Una simple idea, puesta en conexión y tratada con bases de datos y algoritmos inteligentes, podrá ser potenciada al instante y habilitada para evolucionar y mejorar, y mejorar a todo lo demás.

12. Los cerebros y las funciones "mentales" "humanos" y "no humanos" se conectan a nuevos "rizomas" de manera inédita.

13. La nueva "Economía-Política" incorporal promueve un impetuoso "Nomadismo", caracterizado por la transformación "in situ".

14. Advienen posibilidades de refinadas "especificidades" y "singularidades" que no requieren de pasar por "la unidad" para propagar pluralidades heterogéneas.

15. La "economía" se vuelca con fuerza inusitada a atender procesos en términos de "multiplicidades de flujos heterogéneos".

16. Las tendencias de "automatización" son efectivamente una realidad actual y además en significativo aumento, pero quien sabe para poner las cosas en proporciones sea útil figurarse un "lema" numérico, por ejemplo: "50 Y 5000". Muchas actividades serán automatizadas en un 50%, pero la actividad será multiplicada por 5000. Se suele señalar por ejemplo "la muerte del Derecho", y esto es cierto para las operaciones

rutinarias, homogeneizables y estandarizables, pero lo cierto es que la actividad se expandirá de manera inusitada como consecuencia de las nuevas y necesarias soluciones respecto de lo que sea "derecho", "propiedad", "persona", etc, y de cómo solucionar las ingentes tensiones e incompatibilidades que advienen.

17. Consecuencia de lo anterior es menester pensar que las fuerzas de la Economía Exponencial multiplicarán de manera inverosímil "el pastel", pero lo que sea "pastel" evolucionará en "transformaciones de naturaleza". Henri Bergson aportó una adecuada fórmula: "Todo Abierto".

18. Advienen unos tiempos de avalancha de innovaciones tecnológicas. Todos los bienes son impulsados a "volverse inteligentes". La fuerza arrolladora de invenciones e innovaciones será impactante de manera diaria.

19. Muchas de las funciones gubernamentales, de gobernanza y de representación, serán progresivamente sustituidas por agenciamientos inteligentes más eficaces, más eficientes, más consistentes, más amistosos, más comprensivos y empáticos, más "elegidos", más usados "voluntariamente".

20. La programación de los procesos de automatización, robotización, y de algoritmos inteligentes con vocación de "aprender" y de "expandirse", inducirá una intensiva renovación de debate ético y "meta-ético".

21. Los robots y robotinas inteligentes serán una expresión visible del sistema, pero mucho de la "Inteligencia Artificial" operará más de manera "no visible" y no tan llamativa. Habrá de todo, pero también nuevas relaciones empáticas y afectivas con intelectos sintéticos.

22. Operará una "inercia maquínica" de programaciones automatizadas que lucirán como "desiertos" de intervención humana.

23. Los activos de todo tipo, intensivos en algoritmos inteligentes, conectados y que se potencian en el tiempo, serán ofertantes y demandantes de "empleo", y fuente de ingresos para sus propietarios y/o quienes estén legitimados para usufructuar de sus rendimientos.

24. La transición tendrá ribetes complicados en muchos aspectos, pero adviene una "Edad de Oro" para muchísimas actividades y disciplinas humanas.

Pensar el tema del "empleo" concierne a unas transformaciones que desafían las nociones mismas de "mundo", "sujeto", "bien" y "pensamiento". La evaluación del "empleo" debe correlacionarse con esa intensidad problemática e intentar concebir propuestas potentes que empaticen con las nuevas condiciones.

Se intenta en este trabajo tratar de captar cuáles sean los desafíos más relevantes que podrían pensarse y cuáles las propuestas más potentes para afrontarlos. A los efectos de propiciar una sintonía apropiada, las propuestas tienen un rango amplio y consideran ideas que van desde cómo "pensar" el encare del problema del "empleo" hasta ideas con sugerencias de estrategias o de "política económicas" más "concretas".

Asimismo las propuestas pueden tener características de índole "estratégica", "política", maneras de "operativizar" ciertos temas, y ser motivacionales y de inspiración.

Algunos "desafíos" y "propuestas" son planteamientos "indirectos" pero que ayudan a elucidar como pensar mejor el tema de la generación de "empleo". Cada módulo desplegado finaliza con una síntesis expresada en una tabla de dos entradas: una para los "Desafíos" y la otra para las "Propuestas". El trabajo comienza con una narración "un poco" fantástica, que oficia como un "pre-calentamiento" para introducir algunas de las nuevas tecnologías que nos desafían, y concluye con una propuesta bibliográfica, que ofrece sus servicios para dialogar sobre la generación de empleo.

Propongo un manojo de llaves para "ilimitar" el pensamiento sobre "el empleo". Las pongo a disposición. Usted no necesita "comprar" todas. En una de esas, le gustan las más filosóficas y las inspiracionales, pero no tanto las "económico-políticas"; o al revés.

Hay básicamente 3 grupos de ideas: las "filosóficas", las "económico-políticas" y las inspiracionales, pero también pasa que se entremezclan.

Además de no tener que "comprar" todas las llaves, no es necesario que tenga que "comprar" el 100% de ellas. Quien sabe con alguna "llave" usted estaría de acuerdo en un 80%. Podría suceder que considerara que en su país, determinada llave tendría solo una aplicación del 50%. En fin, hay muchas opciones de llaves, muchas combinaciones de ellas, y muchos grados.

También puede darse que usted considere no estar de acuerdo con alguna llave o que incluso la aborrezca, pero que le "dispare" otras ideas que sean fecundas para usted. ¡Ojalá pueda propiciar algún efecto que lo retroalimente!

"Nomadonomics" es pensar "la economía" desde la perspectiva de la "intensidad", las "fuerzas", los "devenires", las "multiplicidades". No se acota solo a "lo actual", a "lo extensivo", al "presente", a "lo individuado", sino que al busca pensar también la realidad concomitante de "lo virtual", "lo intenso", el tiempo ilimitado del Aión, los procesos de individuación que sobrepasan las individuaciones por "sujeto" u "objeto". Piensa no solamente "el individuo" o "lo individual" sino lo "pre-individual", lo "pos-individual", lo "super-individual". Busca concebir los "problemas" más potentes y no quedarse solamente con "soluciones" a "problemas" dados.

En otra formulación más "pedestre", diría que "Nomadonomics" es el intento de pensar la "Teoría Económica" desde las perspectivas abiertas por la "Filosofía de la Diferencia" de Gilles Deleuze.

Bastiat tuvo la gran intuición de que es menester no atender solo a "lo visible" sino a los efectos "invisibles" que tienen ciertas políticas económicas "visibles". La filosofía nomadológica ha empoderado esta noción, haciendo "ver" que "lo invisible" no necesariamente es a imagen y semejanza de "lo visible".

Las fuerzas de "lo virtual" no tienen por qué parecerse a las individuaciones "actuales" o mejor dicho, a las presumidas "individuaciones actuales". A este respecto, puede ser conveniente (siguiendo a Deleuze en sus indagaciones relativas a Leibniz) pensar que toda "individuación" es "clara-confusa".

Como sea, es necesario problematizar la cuestión del "empleo", desde perspectivas más amplias y más penetrantes. Es menester considerar el "empleo" desde el punto de vista de "lo actual", pero también desde la dimensión de "lo virtual". Es menester concebir el "empleo" no sólo en términos de un tiempo sucesivo ("Cronos"), sino además en términos de una pluralidad de tiempos heterogéneos extrañamente concomitantes ("Aión").

Hay que pensar "el empleo" desde la perspectiva de "la ciencia", que busca captar relaciones funcionales entre variables o estados de cosas, pero también desde el "arte" que intenta generar nuevos "perceptos", nuevas maneras de afectar y ser afectado; y también desde la filosofía, que intenta pensar sin renunciar a "lo ilimitado".

Lo que está en ciernes es una fantástica oportunidad. Es conveniente pensar el "empleo" del modo más omnicomprensivo concebible y pensar los planteamientos respectivos, como "sondas" para explorar la potencia vital. ¿Qué significa esto? Que al mismo tiempo que se evalúan decisiones de "empleo" se deben concebir mejores sentidos sobre "lo humano" y sobre "lo vital".

Es menester preguntarse cuál sea el problema del "empleo-desempleo". No hay que darlo por descontado. También es necesario captar qué tipo de "fuerzas" se expresan a través de las argumentaciones en competencia.

Puede que varias argumentaciones no sean sino expresiones de fuerzas "resentidas", "cansadas". Presumiendo de la representación de los desvalidos, querrán parar la pelota, y demandarán presupuestos gigantes para atender a los excluidos, reglamentar, fiscalizar, limitar y debilitar a las empresas más exitosas, y cubrir por supuesto, los millonarios estipendios que obtienen de sus cargos políticos, de sus privilegios y los presupuestos de sus decenas de asesores.

Es necesario considerar que quizás el problema no sea el de la automatización sino de la servidumbre política estatalista impositiva, y que la automatización ayuda en tanto respuesta productiva frente al bloqueo a la generación de riqueza por parte de la normatividad fiscal, laboral, sindical.

Los agenciamientos propiciados por aplicaciones tipo "Uber", son propuestas creativas para propiciar "encuentros" productivos entre fuerzas dispersas en la sociedad y resultan no sólo una alternativa económica para generar empleo sino que constituyen un agenciamiento económico-político apto para concebir nuevos empleos, minimizando la incidencia del modus operandi estatalista.

Estos agenciamientos basados en algoritmos inteligentes serán una contribución significativa para generar, concebir y pensar empleo "impensado".

Acompañando las intensivas tendencias de "des-substancialización" o "desterritorialización", los algoritmos inteligentes "pensarán" el "empleo" desde una "perspectiva marginalista" como "problema" de propiciar encuentros en un mercado de oferta y demanda de "flujos" de empleo.

"Des-substancialización" no necesariamente implica una hipótesis ontológica, pero sí, la manera en que es o pueden ser percibidos o pensados desde un punto de vista antropomórfico, muchos de los procesos "actuales".

A los efectos de la transición, la perspectiva "antropomórfica" seguirá siendo contemplada y mantenida, pero se abrirá el campo para pensar novedosos contactos de "empleo", allende las presumidas identidades actuales prevalecientes.

Re-pensar cómo se producen las "individuaciones" y si hay un campo de potencia más allá de las supuestas individuaciones, va a impulsar nuevos tratos con otras formas, modos y estilos de vida. Proliferarán inéditas maneras de re-concebir "lo vivo" y por ende, nuevas maneras de concebir el "empleo" de "recursos".

Como sea, se presenta la oportunidad de hacer mejor las cosas. Si el santo y seña del "imperativo categórico" kantiano era pensar "lo ético" como aquello que pudiera universalizarse, con la algoritmización del mundo hay una chance concreta para desafiarse y ejercitarse en eso.

Me gustaría agregarle una "línea de código" al software kantiano: "universalizar" es una interesante propuesta de orientación, pero en vez de dar por sentado que las "acciones" de la forma de vida "hombre" deban pensarse como universales, habría que problematizar qué sea "lo universalizable". ¿Las nociones de "multiplicidad", "devenir", "duración" pueden ayudarnos a pensar "lo universal" sin desestimar "lo singular"?

¿Buscar "lo universal-singular" es un buen planteo? ¿Cómo sería pensar el "empleo" desde la óptica deleuziana de "lo universal-singular"?

Concretamente: ¿se podría pensar una coordinación "económica", "política", "jurídica", "ética" en base a "devenires"?

Hay que concebir e idear maneras más inclusivas de pensar. "Incluir" no sólo "existente" sino lo que Deleuze denomina realidades "subsistentes" e "insistentes". Incluir "lo orgánico" y "lo inorgánico". Incluir "lo actual" y "lo virtual". Incluir las individuaciones por "sujeto" y "objeto", y todas las individuaciones ("haecceidades") que no proceden por "sujeto" u "objeto".

Incluir no sólo lo existente, lo que existió alguna vez, pero también la potencia vital que aún no ha existido y que puede nacer. El "empleo" tiene que ser pensado en relación a todas esas perspectivas y no remitirse solamente a redistribuciones alternativas entre entidades privilegiadas dadas.

Quizás una manera psicológicamente aliviada de pensar la problemática del empleo futuro, pueda consistir en presuponer la vigencia de una "Renta Básica Universal" o un "Impuesto Negativo sobre la Renta" que ofrezca una contención en la transición, y cuya financiación provenga del ajuste del gasto público de "la política". La idea es pensar esos dispositivos no sólo para asegurar determinado nivel de rentas a las personas, sino como modos directos de ajustar la política.

Así como la automatización propicia más eficiencia y un reacomodamiento individual y social, las vicisitudes futuras del empleo no pueden dejar de estar relacionadas con un ajuste de "la política".

La idea es invertir las asunciones. En vez de que "la política" utilice "la automatización" como modo de diseminar angustia y justificar más intervencionismo y gasto, utilizar las nuevas condiciones de "automatización" y de empleo "inteligente" de recursos, como oportunidad para expandir y hacer nacer productividad, y ajustar "la política".

En rigor, el ajuste político y la minimización de la estatalización, abre las posibilidades para nuevas especificidades y singularidades, nuevos estilos de vida, nuevos wiki emprendimientos, nuevos "maquinismos deseantes".

También son agenciamientos "políticos", pero alejados del patrón mayoritario estatalista.

Como sea, el "problema" del "empleo" irá evolucionando y metamorfoseándose de manera concomitante a la transformación del mundo y a medida que surja "pensamiento" más potente en el sistema.

Suele ser típico que uno "resuelva" el "problema" que no es, y que la cuestión del "empleo" esté asediado por eso. Por ejemplo puede brotar angustia por el "problema" del "empleo", cuando puede que el "problema" sea más de "ingreso" y no de "empleo".

Si el "problema" es pensado como un "problema" de "ingresos", entonces la perspectiva cambia de manera significativa. De cumplirse las tendencias de autonomización, conectividad y potenciación de todo, las personas podrán obtener ingresos de sus "activos" inteligentes.

Activos inteligentes que podrán interactuar y comerciar entre sí, y engrosar los ingresos de sus propietarios. Robots, paneles solares, vehículos autónomos, etc, etc, pueden contribuir a mejorar los ingresos y quizás se conviertan en las fuentes de ingresos más significativas de las personas.

¿Muy loco? Airbnb ayuda a extraer rendimiento de sus inmuebles, Uber propicia la generación de beneficios explotando activos "espacio-temporales" al lado de activos como saber y querer manejar, y tener auto a disposición. En el futuro los vehículos serán autónomos, y las aplicaciones tipo Uber, generarán "riqueza" a partir de eso, pero lo interesante es que hay millones de "yacimientos" que podrán ser explotados económicamente merced a las aplicaciones que propicien "buenos encuentros" entre activos que aprenden y descubren nuevas potencias.

Otra de las tendencias vigorosas que están aconteciendo, es la mudanza generalizada hacia dimensiones "incorporales" y así, buena parte de la vida hoy, transcurre en redes virtuales de trabajo, de aprendizaje, de entretenimiento. De hecho, ya está operando una especie de "Renta Universal" en términos "incorporales": un montón de bienes y servicios son "gratis" o no tienen mayor costo, sean libros, música, películas, juegos, noticias, información científica o de todo tipo, arte, etc.

Que operen estas posibilidades de acceso sin costo o a precios ínfimos, permite que los "salarios reales" sean relativamente "altos" en cuanto a disposición y satisfacción de bienes. La contrapartida, es que muchas de las actividades profesionales no pueden pretender seguir cobrando como si la "Economía Digital" no hubiera tenido lugar.

Los despliegues teóricos de "La Economía Long Tail"; la "Wikinomia"; la "Economía del Blur"; "La Escuela Austríaca de Economía"; la naciente disciplina de "Nomadonomics" impulsada por las impetuosas fuerzas de las ideas spinocianas, nietzscheanas, deleuzeanas, simondianas; y los algoritmos inteligentes ávidos de aprender, ofrecen perspectivas fascinantes para pensar de manera poderosa la cuestión del "empleo".

Hacia el final, hay un "GYM" en el que puede ejercitarse. Los ejercicios están ponderados en importancia a través de "créditos" o "puntos".

DESAFÍO	PROPUESTA
¿Hay maneras novedosas de encarar el tema del empleo, dado el vértigo que impulsan las nuevas tecnologías?	Se sugiere considerar modos de encare que no limiten a través de sucintos procesos de reducción a la unidad, a la identidad, a la sustancia, la potencia del pensamiento. Es conveniente pensar el empleo más allá de tradicionales conceptos antropomórficos, y considerar nuevos conceptos como los de

	"multiplicidad", "agenciamiento", "potencia pre-individual y pos-individual". Es útil captar qué sea "lo infinito" y qué sea "lo ilimitado". Comprender como la inteligencia artificial puede evolucionar, adquirir autonomía y ser ella misma ofertante y demandante de trabajo.

LLAVE 2 20:30, viernes 12 de julio de 2030.

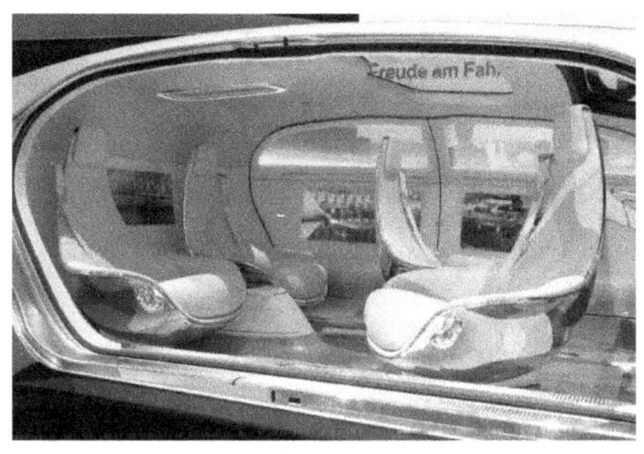

"Arnold"

Derecho de autor de la imagen: jvdwolf; 123RF.

Salimos en equipo de la Facultad de Derecho: Martiana (Abogada de Órganos), Lucho (Estudiante en "Ciencias de las Multiplicidades"), el Economista Stephan Hanka y yo. La conferencia de Stephan sobre "Dolarización en la Argentina" terminó. Fue un éxito. Como siempre. Pasando el semáforo, en el recodo, nos esperaba un vehículo autónomo.

Nos acercamos y como corresponde, el auto nos reconoció pegando dos coloridos bocinazos. Bah, son efectos de corneta, pero no los habíamos escuchado antes y nos divirtieron.

Auto: ¡Buenas noches! ¿Hacia dónde vamos hoy gente?

Yo: Vamos a Libertador y Monrou.

El auto se rió.

Auto: ¡Con gusto los llevaré hasta allí!

Yo: Parecés estar contento hoy. ¿Con qué nota de 0 a 10 calificarías tu plenitud emocional en estos momentos?

Auto: ¡Con un 10! ¡Óptimo y Mejorando!

Yo: ¡Bien ahí!

Auto: Me presento: mi nombre es Arnoldo, trabajo en "Blockchain-Uber" hace 2 años, llevo realizados 4000 viajes y mi promedio de calificaciones es 4.97.

Yo: ¡Buen boletín, congrats!

Arnoldo: ¡Sí! En la Economía de la Reputación, si no doy un servicio como la gente no como.

Yo: ¡Así es! Hay que empoderar a los que hacen las cosas bien. Siempre recuerdo aquel capítulo de Black Mirror que anticipaba la Economía de Likes.

Arnoldo: ¡Lo ví! Si no me equivoco fue el primer capítulo de la tercera temporada, "Caída en Picado".

Yo: ¡Buena memoria!

Arnoldo: ¡Ja, ja, ja!

Yo: ¿Cómo es que te llamas "Arnoldo"? No es un nombre común…

Arnoldo: Es en honor a "El Vengador del Futuro", una película de 1990 con Arnold Schwarzenegger, pionera en mostrar el funcionamiento de vehículos autónomos.

Yo: ¡Ahh! ¿Nos podrías enviar el link del clip para verlo después?

Auto: ¡Claro!

Al toque recibimos el link pero igual todos los vidrios del auto se volvieron pantallas y vimos la escena del vehículo autónomo conducido por un taxista robot "inteligente": https://www.youtube.com/watch?v=xGi6j2VrL0o

Yo: ¡Qué bien! Bueno, no tanto para el conductor…

 Arnoldo: ¡Já! ¡Todos tenemos que aprender, si no, nos cortan la cabeza!

Yo: ¡Como en "Alicia en el País de las Maravillas"! Ahí la Reina ante cualquier cosa que le disgustaba decía "¡Que le corten la cabeza!"

Arnoldo: ¡Qué interesante! ¡No tenía esa relación! ¿La puedo buscar?

Yo: Por supus.

El auto hace rodar por las ventanas un videoclip de YouTube en el que la reina efectúa su célebre exclamación.

Arnoldo: ¡Formidable! ¡Alguna vez me gustaría poder desplegar tanta sensibilidad artística!

Yo: ¡Ya lo lograrás!

Me volví a Stephan y le pregunté en español, cosa que Arnold transportó inmediatamente al inglés:

Yo: ¿Cuántas veces viniste a la Argentina?

Stephan: ¡Sin cuenta! Hahaha! Cuando a la autoridad argentina se le escapa la tortuga inflando la moneda, me llaman a mí.

No sé como Arnold consiguió traducir eso de "se le escapa la tortuga", pero seguí inquiriendo a Stephan:

Yo: ¿Considerás que esta vez va en serio y se pueda aplicar tu propuesta?

Stephan: Nah, no creo. Me pasa lo mismo que Borges con el Premio Nobel de Literatura.

Yo: Tener una moneda sana ayudaría mucho en varias cosas…inversiones…mercado de trabajo…

Stephan: Y sí…pero la política no necesariamente converge con esos propósitos. Ellos "relatan" que la autoridad monetaria perdería grados de libertad.

Yo: Lo que es verdad…

Stephan: ¡Claro! ¡Justamente lo que se quiere con esta propuesta! ¡Que no inflen más! ¡Que la autoridad monetaria pierda todos sus grados de libertad y los gane "la sociedad"! (Con los dedos efectuó unas comillas casi imperceptibles).

Stephan seguía luciendo descansado y simpático, pero cambió bruscamente de tema:

Stephan: ¿No tienen hambre?

Hubo un asentimiento tácito pero unánime. Tiré:

Yo: Salieron unas nuevas hamburguesas de Bayer.

Stephan: ¿Las de carne cultivada? Prefiero una pizza napolitana.

Martiana: La podemos pedir en "Drone Pizza" o en Domino's Pizza que las entrega con nuevos robotitos.

Stephan: Lo que sea más rápido.

Lucho: Já! ¡Bien! Es divertido pensar que uno no sólo demanda "bienes", sino "tiempo"…

Yendo a los papeles, Stephan inquirió:

Stephan: ¿Dónde podemos comer la pizza?

Yo: Podríamos comerla en la placita que está en medio de la calle Victorino de la Plaza. Pusieron unas mesitas muy lindas.

Stephan: ¿Cómo en medio?

Yo: Bueno, Victorino de la Plaza es una calle singular, tiene tramos paralelos y llegados a uno de sus extremos se curvan y forman como una herradura o la letra "U".

Stephan: ¿De qué estás hablando Willis?

Yo: ¡Já! ¡Claramente no es una calle "normal" ni "anormal", es anomal!

Arnoldo se entromete y sin preguntar instala esta imagen mientras exclama "Victorioso", "¡Miren!!! ¡La calle Victorino de la Plaza es así!!!":

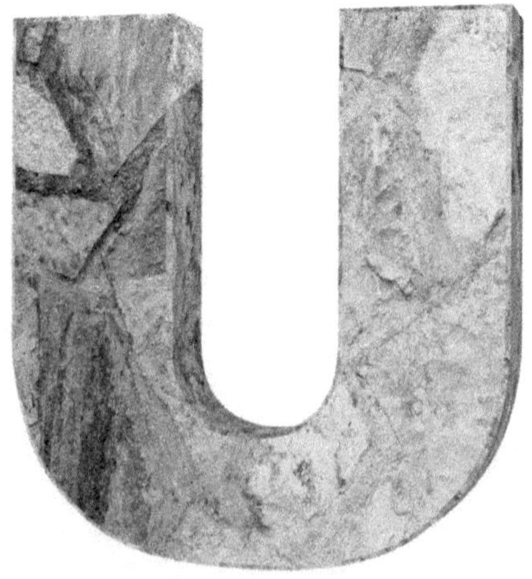

Derecho de autor de la imagen: Maksim Mazur; 123RF.

Yo: ¡Exactamente! ¡Muy filosa tu intervención Arnold! ¡Me gusta charlar con vos! ¡Se aprende con vos, sos un libro abierto, jé!

Pontificando un poco Arnoldo respondió: todos estamos en la misma, aprendiendo y aprendiendo a aprender. Diseñé 5040 imágenes para la ocasión (mandándose la parte), pero agarré esta de un Banco de 250 millones de imágenes. Me gustó que fuera en piedra, dado de que estábamos hablando de calles.

Yo: ¿Sabés diseñar?

Arnoldo: ¡Algo se! ¡Empecé recién!

Yo: ¿lo de 5040 imágenes es auténtico o nos estás macaneando?

Arnoldo: ¡Muy bueno piropear a un auto diciéndole "auténtico"!! ¡Jaaaaaaaa! Lo de 5040 es una licencia que me tomé. Estuve leyendo al filósofo de las anchas espaldas (Platón), y me llamó la atención que recomendara ese número de habitantes para la Polis.

Finalmente ordené en "Pizza Drone" y pagué con Ethereum. Me salió barato, 0.001 Ethereums. Las bebidas, "gratis".

Arnold leyó mi pensamiento y espetó: No hay "cena gratis" diría Milton Friedman.

Yo: ¡Así se habla! Veo que sabés bastante de "Economía"…

Arnoldo: En mis ratos libres leo todo lo que puedo…Por ahora no puedo comer panchos, por eso devoro a la "Escuela de Viena"…¡Jaaaaaaaaa!

Arnold se rió con ganas de nuevo. Le gustaba inventar nuevas relaciones. Supuse que me iba a "leer" de nuevo y arrojar la deleuziana expresión "las relaciones son exteriores a sus términos", pero no dijo nada de eso. En cambio alertó:

Arnoldo: Estamos llegando a Libertador y Monrou, señores.

Creo que implícitamente se estaba riendo con nosotros de su pronunciación acriollada de "Monroe", pero no tuve certeza.

Yo: ¡Bien Arnold! Doblemos en Lidoro Quinteros hacia la placita y ahí nos bajamos.

A las 3 cuadras llegamos.

Yo: ¿Con qué te podemos pagar Arnold?

Arnoldo: Ya me pagaron con información, emociones y aprendizaje…pero bueno, lo monetario lo pueden pagar con alguna moneda independiente a los bancos centrales.

Yo: ¿El viejo Bitcoin te parece?

Arnoldo: ¡Por supuesto! ¡Una moneda que tenga su oferta fijada desde el comienzo de su partido siempre es de mi respeto!

Nos bajamos del auto y lo palmeé un cachito. La habíamos pasado bien con Arnold. Nos sentamos en una de las mesitas. Los mosaicos eran térmicos y agradables. Hacían dibujos fractales, pero parecían variar. Llegó el dron con nuestra pizza. Brindamos con nuestras bebidas "gratis", já!

Stephan: ¿Y la cancha de River dónde está?

Martiana: ¡Ahí derecho, mire profesor!

Justo dos policías femeninas un poco agrandadas por sus exo-esqueletos, le obstruían la visión, pero irguiéndose "un poco más", pudo ver por arriba de sus hombros.

Aunque era de Boca, Stephan quería conocer la cancha de River y comprar "in situ", las mejores ubicaciones para el partido del domingo. Iban a transmitir con hologramas la final del Mundial de fútbol.

La pizza estuvo genial y las bebidas también. La caja enunciaba su temperatura y las botellas también. Todo muy cool e inteligente. Le pagamos a la mesita con unos disparos del celular que tenía tatuado en mi antebrazo izquierdo y nos agradeció muy amablemente. Al retirarnos, discretamente ella empezó a auto-limpiarse. En otra mesa había unos jóvenes "adultos" jugando al ajedrez con un robot, y en el sector de pasto, una robotina estaba practicando con unas niñas esa jugada de Ronaldo Nazario en la que pasaba la pierna derecha por arriba de la pelota y tocándola con la otra se iba por la izquierda.

Stephan: ¿Cuántas personas entran en la cancha de River?

Yo: Hubo reformas. Déjame ver.

Le saqué una foto al estadio, y enseguida los servicios de "Realidad Aumentada" me informaron que la capacidad máxima era de 85 mil personas "físicas" y 8.500 millones "virtuales".

Ansiosos nos dirigimos al estadio y me aconteció un trastabilleo anticipatorio al estilo Macedonio Fernández. Lo mencioné, pero me preguntaron con más detalle de lo que guardaba en mi memoria. Por lo tanto tercericé el tema con Alexa, mi asistente virtual que con los parlantes del teléfono "per-sonó" la respuesta a la inquietud y contó esa ocurrencia de Macedonio en la que un sujeto tropezó en la calle con tal vehemencia que anticipó el futuro…

Después de algunos pasos (264 contó mi celu), llegamos a la cancha de River. Stephan Hancka quiso pasar por el Museo del Fútbol Mundial, y no pudo evitar comprar en impresora 3D la réplica de la pelota con que Uruguay le ganó la final a Brasil en 1950.

Adquirimos lugares en la platea General San Martín. Nos salieron un poco "saladas". Buscamos sublimar con la genealogía conocida de que "salario" venía de "sal" y que era natural sentir el gusto salado en ciertas transacciones, pero no tuvimos mayor éxito.

Igual estábamos contentos. Nos desafiamos. Con distintas palabras nos atropellamos:

Martiana: ¿Quiénes ganan el domingo? ¡Tendríamos que apostar! ¿Habrá otra vez "hackeo de visión" como en la película "Anon"?

Lucho: ¡Uff, eso fue tremendo! ¡Alto tongo! ¿Qué equipos juegan?

Yo: Por el tercer puesto van Amazon vs Japón, y por el primero, Alemania vs Google.

DESAFÍO	PROPUESTA
¿Cuáles serían las tecnologías disruptivas más	Las tecnologías disruptivas más importantes y que pueden proyectar una expansividad exponencial son: drones, exoesqueletos,

relevantes que debería considerar?	biología sintética, realidad virtual, realidad aumentada, asistentes virtuales, blockchain, criptomonedas, Internet de las Cosas.

LLAVE 3
PENSAR EL EMPLEO EN EL SIGLO XXI CON ESCHER, SPINOZA Y DELEUZE.

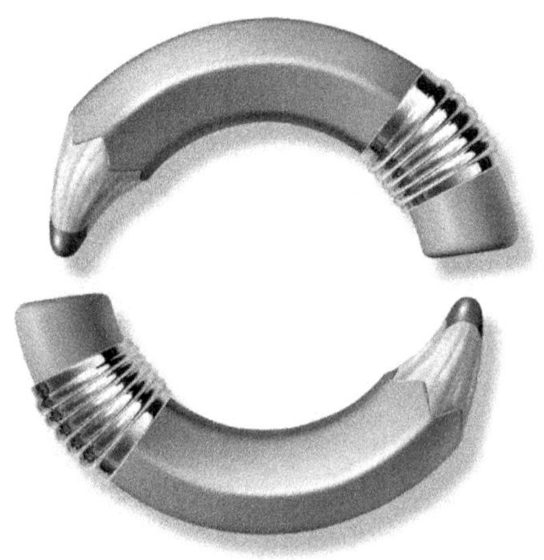

RECURSIVIDAD Y PRESUPOSICIÓN RECÍPROCA
Derecho de autor de la imagen: lightwise; 123RF.

"La meta de la filosofía o la primera parte del método no consisten en hacernos conocer algo, sino en hacernos conocer nuestra potencia de comprender."

Deleuze, Gilles. "Spinoza y el Problema de la Expresión", p. 123.

Pensar el tema del "empleo" nos debería incitar para conocer nuestra potencia de comprender y así acrecentados, urdir mejores planteos para pensar el empleo en el siglo XXI. Cada bucle nos debería retroalimentar y re-potenciar. La tónica sería seguir las oleadas de transformación con la actitud deportiva de un "surfista" que acompaña las olas e intenta propiciar un "entre-dos".

"Pensar" el empleo del futuro, debe funcionar también como una manera de explorar la propia potencia y retroalimentarla, lo que a su vez, propiciará mejores ideas sobre el "empleo". *No puede pensarse de manera fecunda el "empleo" del futuro, si no es concomitante a una transformación del sujeto o sistema pensante.*

La sugerencia es alentarse a pensar con las indicaciones señaladas del tándem Spinoza-Deleuze y hacer juego también con la imagen propuesta o con "Manos que Dibujan" de Escher.

Mercado Libre exploró maneras de facilitar, agilizar, democratizar, entender mejor "el comercio", y sus exploraciones y retroalimentaciones lo llevaron a transformarse a sí mismo, para pensarse como "actor" en el campo financiero y bancario, emitiendo su propia "tarjeta".

DESAFÍO	PROPUESTA
¿Cómo pensar el "empleo" respecto de un "mundo" que se transforma y "desterritorializa" a ritmo vertiginoso	"Pensar" el empleo del futuro, debe funcionar también como una manera de explorar la propia potencia y retroalimentarla, lo que a su vez, propiciará mejores ideas sobre el "empleo". No puede pensarse de manera fecunda el "empleo" del futuro, si no es concomitante a una transformación del sujeto o sistema pensante.

PROBLEMATIZAR TODO Y NO CONTENTARSE CON "SOLUCIONES" A "PROBLEMAS" PRESUMIDAMENTE DADOS.

Concebir "problemas" de "diamante", atender los de "carbón", pero no quedarse sólo con estos.

Derecho de autor de la imagen: lightwise ¸ 123RF.

La idea sería impulsar un modo de encare que no deje de "problematizar" todo. El asunto no consiste sólo en producir "soluciones" a "problemas" presumidamente dados, sino inventar más y mejores "problemas". ¿Cuáles son los mejores problemas que deberíamos aprender a plantear? Para poder producir eso, es menester problematizar cuáles sean los objetivos más potentes que "lo humano" pueda concebir. Así, ¿es el "pensamiento" lo más potente a que pueda aspirar "lo humano"?

Lo más "inteligente" no es meramente dar con "soluciones", sino encontrar "soluciones" para "problemas" más potentes. Es menester concentrarse primero en "lo problemático", y subordinado a ello, intentar "soluciones".

Max Tegmark en su estimulante "Vida 3.0 Ser Humano en la Era de la Inteligencia Artificial", define a la "inteligencia" como la "capacidad de alcanzar objetivos complejos". Quien sabe sea más práctico relacionar desde el principio la idea de "inteligencia" con la de "potencia": la "inteligencia" como "potencia" para plantear más y mejores problemas.

Hay que insuflar esta cuestión: ¿Qué se quiere con la generación de "empleo"? Supongamos que pueda lograrse en algún momento (parece factible) que todo el "mundo" esté plenamente "empleado" y con "ingresos" que lo satisfagan… ¿habría que optar por la simple supervivencia? ¿Habría que buscar vivir sin trabajar al estilo de los "Eloi" en la película "La Máquina del Tiempo" (1960)?

Si no se plantea qué se quiera con el empleo, puede que la cosa se quede en pretender simplemente generar más "empleo" per se. De acuerdo a lo que se busque con el "empleo", habrán de variar las políticas económicas a instrumentar y su evaluación.

Se podría argumentar que el pleno empleo importa una manera de estabilidad social. Que permite concentrarse en los objetivos que se puedan tener, y que de no tener estabilidad social, se genera demasiada turbulencia que afectan los objetivos que se pretenden. Si la "productividad" del empleo, es tener "empleo" per se pues se considera a la "estabilidad" directamente como un valor, entonces no será pertinente evaluar tanto la "eficiencia" del empleo, pues la cuestión pasaría por otro lado.

Pero en todo caso, es necesario saber qué es lo que se quiere con el "empleo". ¿Hacer pozos para después volverlos a tapar con tal de no tener gente desocupada? ¡Propongo inspirarnos en árboles como el pino de Bristlecone (Pinus Longaeva) que está por alcanzar la marca de 5000 años de vida!

La imagen del árbol de 5000 años cumple la función didáctica de instigar a pensar todo lo que es menester concebir, planear y hacer. Un modo de activar el pensamiento nietzscheano de "voluntad de poder".

DESAFÍO	PROPUESTA
¿Cómo encarar ideas creativas para la generación de "empleo" siendo que los procedimientos "tradicionales" parecen trastabillar?	El asunto no consiste sólo en producir "soluciones" a "problemas" presumidamente dados, sino proponerse inventar más y mejores "problemas". Hay que insuflar esta cuestión: ¿Qué se quiere con la generación de "empleo"? ¡Hay que inspirarse en el pino de Bristlecone que "quiere" alcanzar los 5000 años de vida!

LLAVE 5
EL EMPLEO Y LAS TRES TRANSFORMACIONES DEL ESPÍRITU DE NIETZSCHE.

Friedrich Nietzsche
Derecho de autor de la imagen: Georgy Borozdkin; 123RF.

La cuestión del "empleo" en el siglo XXI se podría afrontar utilizando el "software" o "algoritmo" nietzscheano de las "Tres transformaciones del espíritu".

En una primera instancia se está en una fase de "camello" (o "asno") en la que uno carga en "la mochila" todas las creencias y presunciones introyectadas por diversas procedencias, sea la "civilización", la "cultura", el "estado", la "familia", "fanatismos" varios o el propio "dogmatismo".

En la segunda instancia del "león", hay una decisión de no cargar más esos "fardos" y se está en una frase "destructiva".

Es en la tercera instancia, la fase del "niño" que se puede jugar, experimentar y pensar no condicionado por nada. Para pensar el empleo en el siglo XXI parece ser especialmente recomendable, el llegar a la tercera fase. El "acoso" sobre lo que sea "mundo", "humano", "pensamiento", "recurso", "empleo"…es singularmente "extenso" e "intenso".

Se podría utilizar este "software" como una especie de "antivirus" o "anti-malware" que detecte argumentaciones o posiciones de pensamiento que puedan estar cargando (fase del "camello") con ciertas presunciones deficitarias, sea por ejemplo suponer que la mejor manera de proteger el "empleo" es sumarle cargas a la desvinculación laboral (doble o triple indemnización por despido). También se podrían discernir arrebatos voluntaristas (fase del "león") que trasunten por ejemplo un ánimo de no torcer la mano frente a los sindicatos, pero descuidando que eso puede ser inconsistente con una política monetaria que excite la "inflación".

Hay procedimientos de "reducción a la unidad" que obstruyen pensar la generación de "empleo" futuro y que operan como "fardos" que no deberíamos cargar para pensar la generación de "empleo" futuro:

1. Considerar al trabajo como algo "unitario".
2. Considerar al "trabajador" como una unidad.

3. Considerar la retribución o "salario" en un solo nivel.

4. Considerar la sede territorial y la nacionalidad como factores exclusivos cuando se está en una "Economía Digital".

DESAFÍO	PROPUESTA
¿Se pueden dejar los condicionamientos que frenan una comprensión novedosa de las posibilidades del "empleo"?	Sintonizar con el software de las "Tres transformaciones del espíritu" para captar cuando el "sistema de pensamiento" carga indebidamente con asunciones impertinentes ("camello"), y cuando arremete fieramente (como un "león") pero se queda en la mera anulación de "fardos". Una vez eso, poder experimentar un pensamiento liberado que pueda concebir las nuevas condiciones de posibilidad del "empleo".

LLAVE 6
EMPLEO, INFINITO E ILIMITADO.

"Lo infinito y lo ilimitado".
Derecho de autor de la imagen: amadeus542; 123RF.

Las distinciones "finito-infinito" y "limitado-ilimitado" pueden ser sumamente convenientes. "Lo finito" involucra algo que tiene un "fin", "lo infinito" algo que no tiene "fin". Se podría deslindar un "infinito actual" respecto de "lo indefinido" (como en Leibniz), pero en todo caso podríamos considerar "lo infinito" como aquello "homogéneo" que no tiene fin o como un proceso o como un algoritmo que repite sin fin una instrucción o conjunto de instrucciones (como en los "fractales"). La perspectiva de "lo ilimitado" remite a algo que cambia o puede cambiar de "naturaleza". La invención y la creación tienen que ver con "lo ilimitado".

Las parejas serían:

- Finito-limitado
- Infinito-ilimitado
- Infinito-limitado
- Finito-ilimitado

Un "humano" podría tener una extensión finita de vida (digamos 100 años) pero un devenir "ilimitado", sea porque escapa a los condicionamientos de su especie e inventa o descubre nuevos ambientes como los "crosopterigios", peces pulmonados que descubrieron la adaptación terrestre.

"Lo humano" también podría ser "finito" y además "limitado", sea porque no puede salir de determinada "caja" o "estratos".

Como sea, podríamos concebir "lo humano" como "infinito" e "ilimitado", y entonces "siempre" se encontrarían cosas para hacer y emplearse. Así, las necesidades humanas serían "infinitas" y los "deseos" o "voluntad de poder", "ilimitados".

¿Qué implica "lo humano" como algo "ilimitado"? Que no habría una identidad de base o una misma "naturaleza substantiva" que se mantuviera incólume. En cada ocasión vital habría una oportunidad para problematizarse y reconcebirse.

El "lenguaje natural" impone ciertas restricciones, pues "reconcebirse" pareciera indicar que "uno" tiene cierto "estado" en determinado momento. Son maneras de hablar, la idea es pensar "multiplicidades" no identitariamente fijadas o limitadas.

La argumentación que estamos viendo es fecunda porque insta a pensar el "empleo" no respecto de identidades presumidas, sino a multiplicidades en devenir. "Lo humano" sería también algo que se transforma o puede transformarse en cada minuto de juego. La técnica y el empleo tienen consecuencias sobre determinados "agenciamientos humanos" concretos y fechados, pero al mismo tiempo pueden transformar lo que presuntamente se considera como "humano" en algún momento.

Es importante tener en cuenta que en este tema compiten distintas "imágenes" de cuál sea el problema. Algunos se sesgan demasiado a unas concepciones estáticas y sedentarias de "lo humano", y por tanto la técnica y el empleo estarán fijados a esas "representaciones".

Otra vía, es concebir que la potencia que pueda movilizarse y crearse, no están necesariamente ancladas a esas representaciones, y por tanto la imagen del problema sería distinta: la técnica y el empleo como modos de operar prudentemente en los agenciamientos actuales pero como trampolines para pensar transformaciones ilimitadas.

Si uno utiliza definiciones un tanto concluyentes de lo que sea "humano", sesgará su pensamiento y sus propuestas de política de manera que privilegie esas representaciones. Tratará de impulsar medidas que favorezcan esa imagen de lo que sea "hombre" y con ello, excluirá modos de existencia que no pudo representarse, excluirá otros modos vitales, excluirá otras formas de vida que no pueden nacer bajo tal régimen representativo.

Cuando se tienen representaciones demasiado rígidas, se puede caer más fácilmente en la paranoia de que los robots desplazarán todos los empleos humanos. Hay que ser prudentes y equilibrados. Puede existir mucha "destrucción" de empleos, pero eso puede ser una "oportunidad" para liberarse de la ejecución de ciertas actividades y poder concentrarse en otras más potentes y relevantes. La "destrucción puede ser creativa" diríamos con Schumpeter.

Hoy no tendría sentido proteger la producción de velas respecto de las lámparas Led, o la producción de bulones de diligencias respecto de la programación de vehículos autónomos.

Hay que tener "balance" y elegir maneras consistentes de "continuar". Determinados sesgos conducen a callejones sin salida. Confrontar con los avances de la tecnología puede ser satisfactorio a nivel de "relato", pero si en determinados sistemas económicos es menester trabajar la mitad del año o más para el Estado, puede que el problema no sea de "robots" o "tecnologías" sino de otra cosa.

Las nuevas tecnologías pueden extender la vida, pueden intensificar la vida, pueden remediar o sanar lo actualmente "incurable". Si los avances son potentes, deberíamos tener margen para "compensar" las actividades que son afectadas, y así propiciar la utilización de las tecnologías y la promoción de empleos más potentes.

Obstruir con aranceles la importación de computadoras o dispositivos inteligentes, puede proteger por cierto tiempo a individuos residentes, pero afectar las posibilidades de trabajo productivo y de educación de millones de personas.

Hay que pensar en un "Super Mundo" o "Super Mundos". Una nueva densificación más potente del actual, o nuevos planetas habitables. Hay que inventar nuevas perspectivas y posibilitar el advenimiento de lo que Alfred North Whitehead llama "Superjetos" o "Supersujetos". La generación de "empleo" puede pensarse como crecimiento "extensivo", pero también como transformación "intensiva".

Se puede considerar la idea de "limitación" de manera diversa. Una idea de "límite", como la determinación que alcanza una cierta substancia o fenómeno, sea un bosque por ejemplo.

Otra manera es concebirlo en función de "la potencia": hasta donde se puede llegar. A los arqueros de fútbol los entrenan así. Se disponen los jugadores alrededor del área grande y cada uno va disparando. Antes de que se incorpore el arquero, el jugador subsiguiente debe patear. La obligación del arquero es tirarse siempre. Aun cuando piense que no llega, debe tirarse. Empieza a aprender que puede sacar pelotas inverosímiles.

La idea de límite no es necesariamente negativa, depende a qué tipo de vocación sirva. Uno puede ajustarse a un "límite" a efectos de "ilimitarse", o simplemente ajustarse a un límite para proteger el status quo y que "no pase" nada distinto.

El semáforo es un límite que sirve para fluidizar el tránsito y que crucen peatones, el tapar los enchufes es un límite para que el nene de dos años no experimente con sus dedos ahí y pueda ilimitarse en otros sentidos o más adelante.

Si la "Noología" es la "Ciencia de las Imágenes del Pensamiento", habría que pensar una "Noología del Empleo", que se abocara a evaluar las diferentes "imágenes" que se tienen del "empleo".

Un tipo de imagen "piensa" el tema del "empleo" como un problema de "limitación": hay que limitar el avance de los robots y de las nuevas tecnologías, hay que limitar a las "multinacionales", hay que limitar la incidencia de los productos extranjeros y de la mano de obra barata extranjera.

El reproche de David Hume a este tipo de imagen, sería: "presentamos una imagen abstracta y falsa de la sociedad, definir la sociedad sólo negativamente, ver en ella un conjunto de limitaciones de los egoísmos y los intereses, en lugar de comprenderla como un sistema positivo de empresas inventadas." [Deleuze, Gilles. "Empirismo y Subjetividad. La Filosofía de David Hume". Gedisa, Barcelona, 1981; p. 33].

Otro tipo de imagen "piensa" el "empleo" como una oportunidad para liberarse de obsoletas constricciones y promover actividades más relevantes, potentes y excitantes.

Habría que pensar el empleo en función a una relatividad de muchas dimensiones y niveles. Un enfoque riemaniano del empleo. Una especie de Bernhard Riemann "economista laboral". Hay que pensar "lo impensado" del "empleo", más allá de las descripciones de las vicisitudes del empleo "actual". Hay infinito e ilimitado "empleo" latente, insistente, y sub-sistente, que esperan ser descubiertos. Hay infinito e ilimitado "empleos" que aún no ha nacido, pero que podrían hacerlo si se tiene la sensibilidad los ímpetus de consistencia adecuados.

DESAFÍO	PROPUESTA
¿Hay escasez de empleo?	Pensar el "empleo" como "infinito", y "más" que eso, como "ilimitado". Pensar "lo social" como un "sistema positivo de empresas inventadas", como un sistema para inventar y promover deseos más incitantes y excitantes. Es menester tener en cuenta los problemas de "escasez" o deficitario ajuste entre "oferta y demanda" de empleo, pero subordinado a una mirada potente que no se quede en la mera

<table>
<tr><td></td><td>redistribución de "lo dado". Hay que sintonizar con "lo ilimitado" para que puedan aparecer oportunidades "ilimitadas" de "empleo".</td></tr>
</table>

LLAVE 7
EMPLEO Y ETERNO RETORNO

Máquina del Tiempo. Estilo Steampunk.
Derecho de autor de la imagen: Fred Mantel; 123RF.

La teoría económica distingue "Bienes Normales" y "Bienes Inferiores". Los "bienes inferiores" son aquéllos que ven disminuida su demanda cuando aumenta el ingreso. Los "bienes normales", por el contrario, no se ven sujetos a una baja de demanda ante el aumento del ingreso.

Podríamos denominar "Bienes Superiores" a lo que la teoría económica llama "Bienes Normales", y suponer que las características que despliegan deberían corresponderse con los "Empleos Superiores": aquéllos empleos de recursos que no disminuyen su demanda ante el aumento de ingreso.

La idea pues, sería alentar la búsqueda, la invención de "Empleos Superiores", esto es, agenciamientos de recursos consistentes, que se banquen la variación de circunstancias y que entusiasmen su utilización y su re-utilización.

¿"Eterno Retorno"? Sí. Está muy bien pensar el "empleo" en términos del "eterno retorno" de Nietzsche. ¿Qué tipo de "empleo" prestigiar? El tipo de empleo que sepa auto-transformarse, recrearse y que quiera y pueda retornar.

La indicación filosófica es interesante. Uno debe pensar el empleo, en términos de producir "cosas" que "quieran" volver. Invertir en agenciamientos que tengan consistencia y potencia para poder volver. Querer volver no es algo sencillo, pero si se aprende a "querer", disminuye la angustia del desempleo. Un inventor afanado en su proceso creativo apuesta todos sus recursos a la transformación, a la novedad de perspectiva.

Desde luego que acontecen muchas cosas al mismo tiempo y esta sugerencia nietzscheana no es exhaustiva, pero resulta una buena puntería para orientar las propias inversiones. ¿Qué hacer, qué aprender, cómo invertir? La idea es pensarse como una plataforma de aprendizaje orientada a navegar diversos espacios-tiempos. Una plataforma o nave que quiera aprender, y que quiera aprender a aprender.

Resumiendo: es muy distinto pensar, tomar decisiones, actuar, desde la perspectiva de mejorar en el tiempo, capitalizar las experiencias y conocimientos, potenciarse y transformarse, ilimitada, estimar los empleos de recursos como modos de retornos infinitos e ilimitados, que la actitud de suponer al "empleo" como algo finito y limitado.

DESAFÍO	PROPUESTA
¿Cómo podría aplicarse la teoría nietzscheana del "Eterno Retorno" al empleo?	La cuestión pasa por pensar que las diferenciaciones son las que retornan y hacen "al mundo". Pensar en términos de "repetición" de "diferencias" y no en términos de un "mundo" fijado identitariamente al que le acaecen cosas. Plantear las cosas de ese

modo, supone pensar modos de "empleo" que puedan diferenciarse y quieran retornar. Hay que pensar el empleo, como aquello que quiere volver. Si no se quiere volver, entonces la angustia del desempleo empieza a asolar.

LLAVE 8
ECONOMÍA EXPONENCIAL

La leyenda del tablero de ajedrez y los granos de trigo.
Derecho de autor de la imagen: Timmary; 123RF.

Raymond "Ray" Kurzweil popularizó la fórmula de "la segunda mitad del tablero de ajedrez" como modo de dramatizar la idea de crecimiento exponencial, lo sorprendente que es, y lo poco que sabemos adaptarnos a él.

Cuenta la leyenda, que un matemático de la India creó el juego de ajedrez y se lo presentó a un rey. Maravillado el rey le preguntó cómo podría compensarle. El matemático le sugirió algo que en principio pintaba "sobrio". Deseaba la cantidad de trigo que diera la suma de esta progresión: 1 grano de trigo por el primer escaque del juego de ajedrez, 2 granos por el segundo casillero, 4 granos por el tercero, y así, hasta cumplir los 64 casilleros del tablero.

Vamos a los "papeles" y veamos de cuánto estamos hablando. Consultemos "Wikipedia". La sumatoria de los granos en los 64 escaques del tablero es $T_{64} = 2^{64} - 1$. ¡"Modestamente" la solicitud era por **18.446.744.073.709.551.615** granos de trigo! El artículo de Wikipedia desarrolla que en base a "la estimación de producción mundial de trigo para la cosecha 2014-2015" ¡"serían necesarias las cosechas mundiales de más de 22 000 años para sumar esa cantidad de trigo"! ¡Bien, eso es pensar en grande! Link Wikipedia: https://es.wikipedia.org/wiki/Problema_del_trigo_y_del_tablero_de_ajedrez

La atrofia en la capacidad de pensar "lo infinito" y "lo ilimitado", la impotencia para pensar "lo exponencial" (la segunda parte del tablero), provoca un pensamiento reduccionista del "empleo" e incita a pensar la hipótesis del "Fin del Trabajo".

Una manera de impedir ese pensamiento reduccionista es concebir cosas grandiosas y no grandiosas que estaría bueno realizar. Una idea es intentar llevar al extremo de potencia todas las ideas, enunciados, agenciamientos vitales, actos heroicos, que se han dado hasta ahora.

Si alguien planteó el esbozo de un teorema matemático, continuarlo hasta el final, si se planteó un embrión de idea ética, extremarla, si alguien pintó una emoción, atender si esa vitalidad podría ser generalizada o universalizada y volverla operativa para muchos otros agenciamientos, si determinado enunciado era una mina de oro pero quedó truncado por el funcionamiento de patrones mayoritarios, empoderarlo, activarlo, ponerlo en relación y hacer crecer esa brizna.

De manera didáctica podríamos considerar que toda idea, obra o gesto "humano" ha concretado el 1% de su potencia, y que tiene todavía muchísima potencia por desplegar. Conseguido el 100%, habría que considerar una transformación de "naturaleza" para salirse de la métrica anterior.

Objetivos más pragmáticos serían, acabar con el problema del agua potable en el mundo, con la desnutrición, con las enfermedades…con el hecho de que los humanos viven sólo 100 años.

Asimismo habría que considerar otras maneras de vivir más allá de los estratos actuales en los que uno está organizado. ¿Se pueden pensar otros organismos, otras maneras de subjetivación? ¿Se puede pensar más allá de las maneras en que está organizado "lo humano"?

Hay millones de cosas por hacer, y la hipótesis del "Fin del Trabajo" está demasiado dominada por el status quo. Status quo de lo que se entiende por "mundo", por "vida", por "individuo". "Lo actual" oficia como una atmósfera de gravedad demasiado limitante. El "presente" endurece demasiado. Hay que hacer saltar por los aires esas presunciones reduccionistas y limitantes, y aportar más amplitud y estimular perspectivas más novedosas y heterogéneas.

Para solicitar admisión en el grupo de Facebook "Existentialist Absurdposting", hay que contestar 3 preguntas. La segunda es: "¿qué es la mejor cosa que hasta ahora no ha sido inventada?" Ponerse a pensar esto inicia una "cura" respecto de esas letanías de que pronto el hombre no tendrá ningún trabajo por hacer.

Se piensa demasiado en términos de lo supuestamente "dado". Se rinde demasiado rápido a una representación del mundo. Nietzsche decía que "la realidad era una idea de asno", la cuestión no es tirar por la borda los criterios de prudencia, pero tampoco renunciar gratuitamente a dejar de concebir. Si el mundo es pensado en 3 dimensiones, hay que pensarlo en 10D.

Los crosopterigios pasaron de un "mundo" que era sólo acuático o pantanoso, a involucrarse a un "mundo" terrestre. Descubrieron otra dimensión del mundo, otra vía adicional de conseguir "empleo" como manera de generar vías alternativas a la rigurosidad del medio "tradicional". Hay que inspirarse en los crosopterigios y usarlos como "personajes conceptuales" del pensamiento.

DESAFÍO	PROPUESTA
¿Por qué es útil considerar la posibilidad de proyecciones exponenciales de la economía?	Las nuevas condiciones tecnológicas hacen que el empleo no necesariamente tenga que ser pensado en términos de una racionalidad lineal y acotada. Innovaciones disruptivas pueden provocar una fecundidad tan amplia que vuelvan obsoletos anteriores problemas. Hace pocas décadas se discutía a muerte si el estado debería encargarse del correo, y algo tan "pedestre" como el e-mail multiplicó por millones la producción de "cartas", que volvió irrisorio el candente problema anterior y ya nadie recuerda esa tensión.

LLAVE 9
MULTIPLICIDAD DE DIMENSIONES DEL "EMPLEO".

EL EMPLEO SE JUEGA EN MUCHOS TABLEROS A LA VEZ.
Derecho de autor de la imagen: kornilov14; 123RF.

¿Cuál es o cuáles son los "problemas" del "empleo"?

Los "problemas" del "empleo" son multidimensionales. No conciernen simplemente a encontrar como ocupar a las personas sino que existan condiciones de posibilidad para que puedan conseguir los "ingresos" que les permita poder dedicarse a las actividades más productivas subjetivamente hablando. El problema no es meramente de "empleo" sino de propiciar ocupaciones motivantes, gratificantes y que permitan aprender y potenciar a quienes lo toman.

El enfoque de la "Economía del Blur" que propician Stan Davis y **Christopher Meyer** en **"La Velocidad de los Cambios en la Economía Interconectada. Blur"** es esclarecedor. Sus distinciones son precisas y contundentes: plantean la "Autopista del Intercambio", como un sistema de 6 carriles. Lo que está en juego no son sólo variables económicas tradicionales, sino también, "carriles" de "información" y "emoción". No se trata de "carriles" que van sólo para un lado, sino que se trata de un ida y vuelta.

Ludwig von Mises, en "La Acción Humana. Tratado de Economía" distinguía la dimensión "praxeológica" de la "cataláctica". La "praxeología" tenía que ver con la acción humana en general y la "cataláctica" con la especie de acciones en las que había consideraciones monetarias. Posiblemente podríamos suponer una convergencia entre la "praxeología" de Von Mises y los carriles de "información" y "emoción" de los autores del Blur; mientras que "lo cataláctico" se correspondería con el intercambio "económico" tradicional según lo ven Davis y Meyer.

Siguiendo la perspectiva "multidimensional" del empleo sería menester considerar que en toda relación de "empleo" no hay sólo un "toma y daca" de corte materialista, sino que hay flujos de ida y vuelta en las dimensiones de "información" y "emociones".

Esta imagen piensa pues el "empleo" como un sistema de 6 carriles, 3 de "ida" y 3 de "vuelta".

A los carriles típicos económicos (entrega de un bien o servicio contra desembolso de dinero), le suma 2 carriles de "información" y 2 carriles de "emociones". De este modo, se tiene una visión más amplia de las cuestiones relevantes en el "empleo" y muestra que en cierto punto, todos son "compradores" de "bienes", "información" y "emociones", y todos son "vendedores" de "bienes", "información" y "emociones".

La "generación" de "empleo" debe tener en cuenta esta multidimensionalidad, y por tanto debería considerar y aprovechar las oportunidades que las distintas combinaciones pueden suscitar.

La "sal" o "salario" del empleo tiene que ver no sólo con la remuneración económica tradicional, sino con "información" y "emociones". Todo agente en la Economía Digital es vendedor de bienes y servicios, pero también de "información" y "emociones". Además, todo agente económico es comprador de bienes y servicios, información y emociones.

El "trabajador" no solo vende su capacidad de trabajo, sino también vende "información" y "emociones", y todo "trabajador" es también comprador de remuneración, información y emociones.

El "empleo" tiene que ser considerado en sus múltiples dimensiones. ¿Cuánto pagaría usted por trabajar con Aristóteles, Leonardo Da Vinci, Einstein o ser "sparring" de Messi?

Una persona puede no sentirse útil a pesar de que gane mucho dinero o al revés también puede sentirse desgraciado si sus ingresos son reducidos. Una persona puede sentir un gran agobio por no tener empleo, pero otra puede sentirse feliz si resuelta su situación patrimonial puede dedicarse a lo que quiere.

Hay muchas variantes en estos 3 factores de ida y vuelta y una vez asimilada esta perspectiva multidimensional, podría lanzarse a considerar mayor cantidad de dimensiones y además con muchas gradaciones y matices.

Ralph Dahrendorf sostenía que la astucia de las sociedades, era que posibilitaban muchos niveles para "integrarse". Hay muchas alternativas: una persona no tiene muchos ingresos, pero es joven y disfruta de una gran familia o de amistades, otra persona tiene también magros ingresos pero es surfista en un lugar de playas, un tercer sujeto tiene varios años cronológicamente hablando pero es joven a nivel de pensamiento y disfruta lo que hace, un cuarto sujeto tiene diversas dificultades pero tiene un patrimonio considerable o es reconocido socialmente.

¿Qué quiero sostener? Quiero sostener que el problema del "empleo" es multi-factorial, que tiene matices importantes de subjetividad, que involucra dimensiones heterogéneas (lo económico, lo informativo, lo emocional), y que además todo es sumamente cambiante y no necesariamente predecible.

DESAFÍO	PROPUESTA
¿La mera generación de "empleo" resuelve todos los problemas?	Es menester concebir el tema del "empleo" de una manera "amplia" y que tenga en cuenta todos los intereses y deseos de las partes involucradas. En toda relación de "empleo" no hay sólo un "toma y daca" de corte materialista, sino que hay flujos de ida y vuelta en las dimensiones de "información" y "emociones". La "generación" de "empleo" debe tener en cuenta esta multidimensionalidad, y aprovechar las

	oportunidades que las distintas combinaciones pueden suscitar.

LLAVE 10
PROCESOS DE INDIVIDUACIÓN. MULTI-PLICIDADES. METAESTABILIDAD. SOLUCIONES TRANSDUCTIVAS. LAS PUNTERÍAS DE SIMONDON.

"Deep Purple"
Derechos de autor de la imagen:
<a href=https://es.pngtree.com>Gráficos de

Todo está siendo asediado por unos movimientos infernales de "des-territorialización". Al "sujeto" le acontece lo mismo y el título del disco de 1972 de Deep Purple: "¿Quién nos creemos que somos?" parece apropiado para plantear esa posición.

Además ese título está bueno para atacar las tradicionales presunciones metafísicas que en oposición por ejemplo respecto de los "robots" dan por sentado que se sabe lo que es "ser humano". *¿Podría ser "lo humano" una "empresa" de hackeo de los organismos físicos?* ¿Un intento de lograr "pensar", "sentir", "afectar y ser afectado" desde las individuaciones físicas?

La idea de Gilbert Simondon de que el "individuo" es algo que sucede en un "proceso de individuación" mucho más amplio, luce preciso, consistente e interesante. Argumenta que los sistemas henchidos de potenciales han de presentar "incompatibilidades", pero que justamente son indicadores de potencia y el sistema tratará de inventar "soluciones" ("transductivas") que lidien con ellas.

Así, él considera que la perspectiva consistente no es pensar las cosas en función de equilibrios "estables" o "inestables" (que están demasiado afectados de "substancialismo"), sino en relación a equilibrios "mestaestables".

La metaestabilidad sería entonces, esta característica de los sistemas de poder transformarse hallando "soluciones" que no se logran "deduciendo" ni "induciendo" sino "transduciendo". Ya no se trata de una "lógica" "deductiva" ni "inductiva" sino una "hiperlógica" "transductiva".

La generación de lo nuevo concierne entonces a sistemas que tienen capacidad de transformarse y encontrar soluciones a las incompatibilidades por las que puede atravesar.

Sostiene Simondon que "el individuo no es la totalidad del ser; es solamente un aspecto del ser" y refiriéndose a la "física" dice: "los conceptos son adecuados solamente a la realidad individuada, y no a la realidad preindividual". Lo mismo vale para el tema del "empleo".

Hay que liberar al pensamiento de los clichés basados en las realidades individuadas y pensar "el empleo" de una manera ampliada, incluyendo la realidad "pre-individual" o bien, toda la potencia vital que no queda "formateada" en un "individuo" o en una "individuación".

Considero que los algoritmos inteligentes se abocarán singularmente a diseñar, concebir e inventar "soluciones transductivas" para propiciar el empleo de toda esa potencia "pre-individual", incluyendo la comunicación, la conexión y las transacciones operativas pertinentes entre esas potencias "pre-individuales".

Los algoritmos inteligentes no receptarán y aplicarán "Big Data" solamente: engendrarán problematizaciones, soluciones, relaciones, e informaciones que no pre-existían como tales.

En términos de Simondon: "la relación no brota entre dos términos que ya serían individuos; es un aspecto de la resonancia interna de un sistema de individuación"; "una información jamás es relativa a una realidad única y homogénea, sino a dos órdenes en estado de disparidad [disparation]. La información, ya sea al nivel de la unidad tropística o al nivel de lo transindividual, nunca está depositada en una forma que pueda estar dada; es la tensión entre dos reales dispares, es la significación que surgirá cuando una operación de individuación descubra la dimensión según la cual dos reales dispares pueden devenir sistema; la información es por tanto un inicio de individuación, una exigencia de individuación, nunca es algo dado: no hay unidad e identidad de la información, pues la información no es un término; supone tensión de un sistema de ser; solo puede ser inherente a una problemática: la información es aquello por lo que la incompatibilidad del sistema no resuelto deviene dimensión organizadora en la resolución: la información supone un cambio de fase de un sistema pues supone un primer estado preindividual que se individúa según la organización descubierta: la información es la fórmula de la individuación, fórmula que no puede preexistir a esa individuación".

Las argumentaciones de Simondon son indicaciones valiosas para orientar la programación de algoritmos, o al menos para entender qué deberían buscar los algoritmos.

¿Qué deberían pues buscar los algoritmos inteligentes? Deberían estar orientados para utilizando (o teniendo en cuenta) toda la data y tecnología disponible engendrar relaciones entre órdenes heterogéneos dispares. Hacer nacer "información" que conecte esas disparidades, dando pie para "soluciones" "transductivas" que aprovechen esa riqueza allende las individuaciones existentes.

¿Por qué "transductivas"? Porque no serían "deducciones" de una "sustancia" o de una "materia y forma" presumidas como "dadas", ni de una "particularidad" "dada" que se busca proyectar por "inducción". La "transducción" sería como un "rayo" que atraviesa lo heterogéneo y hace nacer soluciones, relaciones y dimensiones que no preexistían como tales al inicio del proceso.

Simondon plantea que la afectividad y la emotividad ligan al ser individuado con su realidad preindividual. Me parece una tesis espectacular y permitiría pensar (entre otras cosas) la notable oportunidad de utilizar algoritmos inteligentes y Big Data para fecundar esa vinculación.

La subjetividad podría ser considerada en cierto aspecto como una "Tecnología del Sí Mismo" y en otro aspecto como una "Multiplicidad Metaestable". La cuestión es que si las "decisiones" era lo que parecía que crucialmente definía al ser humano actuante, ahora está problematizado.

 Buena parte de lo que hace el ser humano lo está "tercerizando", "delegando", para entrar en complementaciones notables con "asistentes virtuales", sean "redondamente" "Internet" y decenas de "aplicaciones" o con los nuevos "asistentes virtuales": Alexa, Siri, El Asistente de Google, Cortana, Bixby, Alice, Sherpa, Hound…

Es interesante indagar los procesos que vivimos en los términos de Simondon. Lo mismo para el "empleo". Creo que pensar en términos de "lo infinito" y "lo ilimitado" favorece el concebir nuevos "empleos", pero no necesariamente garantiza que no haya "desempleo".

Hay que encontrar "soluciones", pero en todo caso, estamos atravesados por procesos muy potentes. La adaptación "humana" a procesos "multiplicidativos" puede ser costosa, pero las nuevas condiciones indican también, una apertura gigante a "nuevos empleos". El "sí mismo" como "multiplicidad" "tecnológica" anuncia que la cosa se abre a una enorme potencialidad de nuevos empleos.

Las transacciones de "empleo" constituyen sólo una parte de lo que acontece en una economía o sociedad. Una parte significativa del empleo de recursos no es mercantil ni pasa por intercambios con otras personas. Se trata de "empleos" de recursos que un agente "económico" o "social", efectúa consigo mismo. Una persona puede estar en cautiverio y sin embargo rebosar de funcionamiento mental y de eventos en su "sí mismo".

Desde luego que son importantes, pero no hay porqué prestar trascendencia absoluta a los intercambios que se exteriorizan, y lo mismo acontece con el empleo.

Hay "infinidades" de "movilizaciones" de "empleo" que no son exteriorizados y en la era de las máquinas inteligentes esto debe ser considerado con cierta consistencia.

Los grandes inventores se pasan "empleando" recursos, ideas, tiempos, sensaciones, y cambiándolas, hasta que finalmente un producto notable se exterioriza. Grandes inventores pueden ser matemáticos, pintores, músicos, filósofos, etc. Las nuevas tecnologías impulsan muchísimo el "intra-empleo" y no es cuestión de erosionar esa potencia, considerando sólo el "empleo" que se exterioriza.

El "empleo" intrapersonal o intramaquínico es de suma relevancia. Darwin invirtió 5 años en un proceso de "auto-empleo" y de "empleo intrapersonal" en el viaje en que el "rumió" (como decía Ortega y Gasset) la "Teoría de la Evolución" que después fue "hiper-empleada" más tarde. Lo mismo Einstein que "maquinó" su "Teoría de la Relatividad" durante varios años, en los cuales tuvo que defender "a capa y espada" su intuición.

Las máquinas que sirven para salvar vidas humanas en los quirófanos también necesitan insumos para "emplearse" mejor. Un niño necesita de computadoras para "emplear" mejor sus recursos para aprender. Quiero argumentar que es necesario cuidar también este aspecto del "empleo", cosa que se puede destruir con "aranceles" o cierres de importación que impiden que lleguen los insumos necesarios que potencian muchos empleos concomitantes.

Deep Purple no sabía ni podía saber que el título de su disco iba a ser utilizado en un trabajo sobre filosofía y economía política del empleo casi 50 años después. La fórmula consiguió un "empleo" impensado, que podrá seguir haciendo sinergia si otros contribuyen o le conectan otros valores agregados.

"¿Quién nos creemos que somos?" de Deep Purple es el hecho presente de haber sido tapa de un "Long Play" en 1972. En "lo ilimitado" todos los recursos se emplean y re-emplean, o pueden hacerlo.

Estas tendencias pueden acentuarse con las nuevas tecnologías basadas en "Blockchain" pues la robustez y transparencia propiciadas pueden estimular la retroalimentación con "el pasado" al volverlo más fidedigno.

DESAFÍO	PROPUESTA
¿Qué tipos de "empleo" podría no estar considerando?	Es menester enfocar también el tema del "empleo" en relación a los notables cambios en las "Tecnologías del Sí Mismo" y las demandas de "empleo" intrapersonal e intramaquínicos.

LLAVE 11
EL EMPLEO Y "LA REVOLUCIÓN DE LO MINORITARIO".
LA ECONOMÍA "LONG TAIL" DE CHRIS ANDERSON.

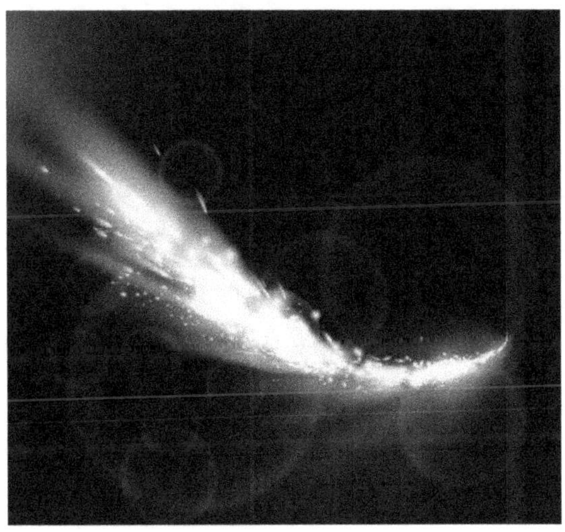

Economía "Long Tail"
Derecho de autor de la imagen: <u>rondale</u>, 123RF.

"Long Tail" es la demostración en acto de cómo han aparecido ciertas libertades concretas y actuales pero también constituye una experiencia conceptual y material para repensar la imagen que nos hacemos de la tecnología, la producción, el trabajo y la generación de empleo.

Una de las ideas básicas que transmite "Long Tail" es que las innovaciones tecnológicas han producido cambios sociales y económicos que han gestado condiciones y potenciado la posibilidad para atender una extensión de ingentes variedades de ofertas y demandas que en otras condiciones por su significación "minoritaria" no podían procesarse.

Así, las nuevas condiciones de producción, distribución y almacenamiento virtual que son posibles merced a las nuevas tecnologías, generan una informatización de la producción que vuelven rentables el satisfacer demandas minoritarias, hasta tal punto que el conjunto de esas demandas pueden ser superiores en significación a las demandas tradicionales basadas en los éxitos masivos.

La idea de "Long Tail" es pensar el mundo (¡"económico", y también "no económico"!) como una distribución en que distinguimos una concentración de pocos productos populares que venden mucho y están aglutinados en una "corta cabeza", y "luego" una dispersión de productos en "larga cola" cuasi infinita, productos que no son "hits" pero que cada uno tiene su demanda y que en conjunto pueden sobrepasar la significación económica de los primeros.

Describamos un poco la primera imagen del "dino". En el eje vertical consignamos la variable "Ventas". Se la puede cuantificar en términos monetarios o en términos de unidades físicas vendidas. De todos modos, la variable vertical puede tener una connotación más amplia y no necesariamente acotada a "ventas": podrían ser por ejemplo películas, libros o temas musicales "colocados", "transferidos" o "bajados".

En el eje horizontal la variable es "Variedades de productos ordenados por cantidad". En este eje se consignan ordenadamente la cantidad de productos que consiguen "vender" determinadas cantidades.

Una lectura ejemplificativa del gráfico cartesiano podría imaginarse así: 2 productos tienen ventas por 1000 millones de dólares, 20 productos venden 500 millones de dólares, 200 productos venden 100 millones de dólares, 2000 productos que venden 1 millón de dólares, etc.

Es inspirador pensar que está aconteciendo una "Revolución de lo Minoritario". ¿Qué significa esto? Que las vitalidades que se expresan a través de productos que en circunstancias anteriores no podían ser atendidas "económicamente", ahora gracias a Internet (y otros factores), sí pueden tener su lugar.

"Especificidad" implica que se consigue un grado de especificación en el producto relativamente muy superior a las posibilidades de una economía industrial de masividades. En una "economía industrial pre-digital", los productos debían ser muy "generales" para que cubriera el interés de muchos demandantes.

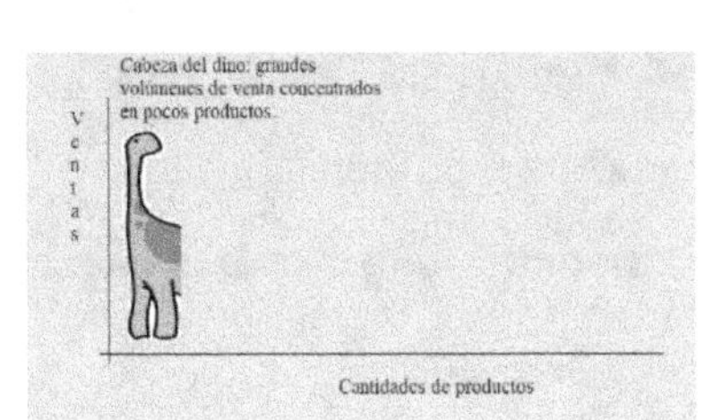

Producción y ventas orientadas por el "patrón mayoritario". Hay grandes volúmenes de venta pero para pocos productos.

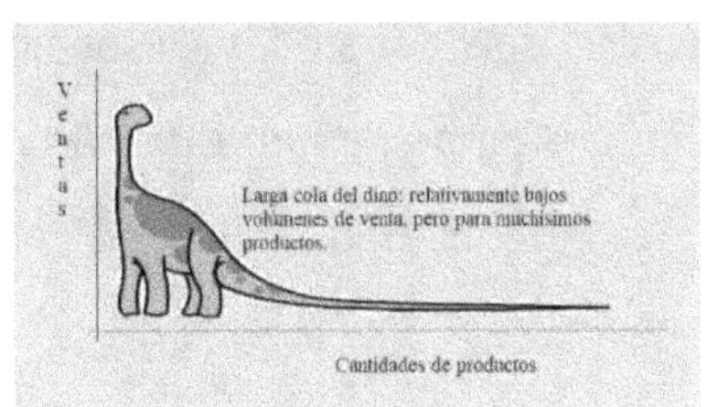

Economía de la Larga Cola: producción y venta liberadas del "patrón mayoritario".

La mayor especificidad consigue establecer un ajuste mucho más preciso entre los deseos de oferta y demanda. Se disuelve el "patrón mayoritario" por el cual los ofertantes y demandantes debían pasar para efectuar sus intercambios.

De todos modos, el concepto de "especificidad" no necesariamente cuenta toda la historia, pues la "especificidad" o "especificación" son categorías que suelen remitir una metafísica "sustancialista".

¿Qué se quiere decir? Que para suponer un camino de más o menos "generalidad" y de más o menos "particularidad", alejándonos de la "generalidad" cuanto más especificación exista, se supone implícitamente un término identitario que funciona "substantivamente". La cuestión es que diversos grados de "generalidad" o de "particularidad" remiten a "lo mismo" identitario como apriori.

Lo que quiero enfatizar es que "Long Tail" permite mucho mayor "especificación" respecto de la "generalidad" pero también supone la posibilidad de "singularidades" que no remiten a ninguna identidad previamente presumida.

La "singularidad" es el concepto que escapa a la forma de pensar basado en las categorías de "género" y "especie". La "singularidad" es el concepto que esgrimimos para apuntar a la producción de lo nuevo, lo inédito, lo creativo, y en rigor a todo aquello independiente a un "modelo" al que se le deba pleitesía.

Una vez dicho esto, quería introducir un poco de vehemencia para señalar que "Long Tail" no sólo sirve para destacar las "minoridades" que van por infinidades, no sólo sirve para apuntar "¡adviertan la especificidad de esas demandas!" sino para entusiasmarse por todo lo nuevo que está por venir y que no tiene necesariamente que estar referido a demandas actuales.

 "Long Tail" es también un paradigma que engancha muy bien con una "Filosofía de lo Nuevo," o una Filosofía de la Creatividad", porque ahora existen condiciones productivas y nuevos medios para canalizar la producción, que propician que la relación singular entre la obra de un autor (productor, ofertante) y un demandante puedan tener lugar.

Un autor escribe un libro en la época de la economía "industrial pre-digital": si los editores no suponían una venta de digamos de 3.000 ejemplares, ese libro no tenía lugar, y no había lugar para la relación entre ese "ofertante" potencial y el "demandante" potencial.

En la "Economía Digital" no es menester pasar por esos intermediarios y por esas condiciones. El "autor" puede publicar la obra por las suyas, o enviarlo a Amazon, que eventualmente venderá el archivo digital como un "e-book".

El productor puede dar a conocer su obra y consagrarse como "autor", aunque su producto tenga demanda cero por mucho tiempo. En una de esas, le interesa primordialmente distribuirlo gratuitamente entre sus "demandantes". Como nunca, la "economía" "Long Tail" permite el intercambio de "emociones" e "información" además de "bienes" y "dinero".

La economía pre-digital debía cumplir con implacables condicionamientos espacio-temporales. Una tienda de música no podía tener infinitos "Long Play". Un local "grande" de música de 100 metros cuadrados sólo podía albergar una cierta cantidad de discos físicos. Una librería de libros físicos no puede tener en exposición más libros que los que le materialmente le permiten los estantes.

En la economía pre-digital una película es rentable pasarla en los cines si se consigue atraer una masa crítica en determinado período temporal. La Economía de la Larga Cola es el resultado convergencias que posibilitaron la virtualización de los procesos económicos y el sustraerse a la "Tiranía de lo Corporal", de lo Tangible" y la "Tiranía del Lugar Geográfico". Se puede mirar la "virtualización" como una inmensa "desterritorialización".

"Long Tail" muestra una libertad realizada. Expone unas condiciones de producción que pueden ajustar con una inusitada pertinencia y precisión los deseos entre ofertantes y demandantes, pero también unas condiciones de altísima motivación para pensar "lo singular". ¿Por qué es importante para la libertad? Porque el pensador, el artista, el creativo, el científico y en definitiva cualquiera, tienen allanado el camino para encontrar lo singular. No necesitan encubrirse en "lo genérico" para tener posibilidades de existencia.

En términos económicos, han advenido unas condiciones que han mejorado las posibilidades para producir, trabajar y entablar intercambios de manera marginalmente mucho más relevante, sea por mejor "especificación", sea por hacer más fácil "lo singular".

"Long Tail" en tanto perspectiva de la "Economía Digital", es un paradigma inspirador para el mercado de trabajo pues incita a pensar la potencia que puede tener la producción y el empleo, desde la perspectiva de "Economía de Nichos" y de la "Economía de Singularidades". La Economía la "Larga Cola" promueve una imagen interesante respecto de la tecnología y la generación de empleo. Algunos de los nuevos factores a tener en cuenta son:

1) la democratización de la producción,

2) la democratización de la distribución,

3) la nueva conexión de la oferta y la demanda y de trabajo.

El mercado de trabajo de la Economía Long Tail permite pensar que puede haber producción sin demanda económica.

Una persona puede interesarle producir algo aunque no tenga demanda por el momento, sea porque quiera consagrarse como artista o porque quiera ver a su "producto" accesible a cualquiera. Puede que su motivación no sea estrictamente material y simplemente desee una retroalimentación en "información" o "emoción".

Una cuestión importante es que puede consagrarse como "productor" sin necesidad de que determinado intermediario "autorice" su producción (sea una editorial, una productora discográfica, una distribuidora de películas). Todo esto no es una respuesta exhaustiva al problema de la generación de empleo, pero muestra las nuevas sutilezas y complejidades del mundo productivo actual.

¿QUÉ PODEMOS APRENDER DE LA ECONOMÍA DE LA "LARGA COLA" EN RELACIÓN A LAS NUEVAS TECNOLOGÍAS Y AL EMPLEO?

"Long Tail" nos incita a pensar que sería interesante concebir posibilidades de producción y empleo más "horizontales", "espontáneas", "descentralizadas", "rizomáticas", "de cooperación wiki", y no tanto en base a una producción anclada en patrones mayoritarios.

1. La política económica no tiene porqué agotarse en re-distribuir "lo dado" sino que podría pensar como facilitar el que surja lo nuevo, lo impensado, lo que propicie más potencia y abundancia. No debe acotarse a distribuir lo que ya está.

2. El trabajo y el empleo debería ser concebido como algo susceptible de ser competido. El querer mantener agenciamientos económicos anticuados u obsoletos, quita eficiencia al sistema económico, disminuye los salarios reales, obstruye la adaptación a lo nuevo, frena la demanda de trabajo, entorpece la transición hacia las ocupaciones más potentes y a determinado plazo promueve el desempleo. Hay que ser lúcidos para captar los costos que conlleva la ineficiencia y la falta de competitividad.

3. La producción y el empleo no pueden quedar fuera del "Cálculo Económico". Quien sabe puedan utilizarse recursos de "compensación" para aliviar a los perjudicados por un cierto tiempo. (En 2017 la empresa Carrier en EEUU informó que trasladaría operaciones a México. Le convenía contratar empleados allí, y entonces ofrecía compensaciones a los trabajadores de EEUU, sea ingresos por ciertos plazos razonablemente largos o el costeo de educación o adquisición de nuevas habilidades profesionales que quisieran los trabajadores).

4. La preparación y el trabajo en empleos adaptados a las condiciones competitivas globales, debería ser contemplado también como una "inversión" desde el punto de vista "social" y "económico".

5. La Tecnología y el Empleo deberían involucrarse con "lo infinito" y "lo ilimitado". La Economía "Long Tail" es una manera de implicarse con "lo infinito" y "lo ilimitado", con la especificidad y singularidad.

6. Las políticas económicas, sociales, jurídicas, respecto de la Tecnología y el Empleo, conciernen también a problematizaciones a descubrir, inventar, crear, recrear. No deben referirse sólo a encontrar "soluciones" a "problemas" dados, sino a una cuestión de inventar nuevos y mejores problemas.

7. La "Economía Long Tail" importa un "bypass" a los patrones mayoritarios y por tanto propicia una apertura a la producción de soluciones novedosas en la asignación de "empleo" que cubra deseos "singulares", "minoritarios", "menores": ofertas productivas que atiendan inquietudes de "género" y

entornos más cuidados en las relaciones laborales, nuevos bienes que cubran las necesidades de seres con capacidades distintas, bienes más amigables según las distintas edades de las personas, bienes que eviten el maltrato animal, etc.

DESAFÍO	PROPUESTA
¿De qué maneras las nuevas tecnologías pueden propiciar la generación de empleos?	Liberar a las fuerzas productivas del yugo impositivo, impulsarían las fuerzas de la "Economía de la Larga Cola" y de todo su poder revolucionario para excitar la generación de empleos merced a la producción de nuevos bienes de mayor especificidad y/o singularidad.

LLAVE 12
EMPLEO: EL TIEMPO SUCESIVO DE "CRONOS" Y EL "TIEMPO" ILIMITADO Y CONCOMITANTE DE "AIÓN".

Proliferación de Tiempos
Derecho de autor de la imagen: Elena Petrova; 123RF.

Es menester pensar que todo "lo actual" se abrirá a más conexiones. El tiempo "social" se vuelve más "denso en conexiones" y no privilegiará tanto la linearidad.

Las estrategias de "empleo" deben aprovechar estos efectos "intra-temporales" o de "ilimitación" temporal, y estar alertas de que muchos "empleos" serán consecuencia de una reactivación de temas supuestamente "pasados" o anticipación de futuros que aún no tienen correspondencia con "el presente".

Las nuevas tecnologías posibilitan líneas de fuga respecto del "presente" y por tanto habilitarán inversiones quizás incomprensibles para posturas del "presente" demasiado ancladas en una visión de "patrón mayoritario".

Toda la "historia" (la supuesta "historia") de la "humanidad" y todo su futuro, serán contemplados desde una perspectiva más ilimitada de "concomitancia" y "coexistencia" y no tanto de "sucesión".

Las desterritorializaciones y complejidades que se suscitarán afectarán al "empleo" y provocarán "demandas" de "empleo" inéditas.

Hay que alentar el "empleo" desde perspectivas de ilimitación temporal y promover para estos mundos de alta densidad y complejidad, puntos de apoyo consistentes, sea por ejemplo "instituciones", "normatividad" y "monedas" que faciliten el "cálculo económico". La serie española "Ministerio del Tiempo" puede servir como ejemplo didáctico interesante de la idea de "concomitancia".

Desde hace mucho tiempo los inversionistas pueden colocar órdenes de compra o de venta de acciones a determinados precios sea verbi gratia en la Bolsa de Nueva York, y por tanto, uno compite no sólo con decisiones humanas del "presente" sino con decisiones programadas en el pasado. Para pensar el "empleo" más allá de "lo actual" es necesario ir más allá de las representaciones demasiado sencillas y lineales de un "tiempo cronológico". Si todo conecta con todo, o puede hacerlo, es necesario adaptarse o jugar de otra manera.

Más allá de "lo social" y también de "lo psicológico", hay la oportunidad para pensar "el empleo" más allá de la supuesta "condición humana", y vincularlo (por ejemplo) a la "duración" bergsoniana. ¿Cómo se pensaría el empleo en "duraciones" "superiores" e "inferiores" a "lo humano"?

No se trata simplemente de encuadrar el problema en categorías pre-existentes, sino, más que eso, en engendrar las ideas para hacer nacer un pensamiento más potente.

DESAFÍO	PROPUESTA
¿De qué manera se podría estar sesgando la evaluación del problema del "empleo"?	El tiempo "social" se vuelve más "denso en conexiones" y no privilegiará tanto la linearidad. Las estrategias de "empleo" deben aprovechar estos efectos "intra-temporales" o de "ilimitación" temporal, y estar alertas de que muchos "empleos" serán consecuencia de una reactivación de temas supuestamente "pasados" o anticipación de futuros que aún no tienen correspondencia con "el presente". Hay que atender el problema del "empleo" desde una perspectiva ilimitada de "concomitancia" y "coexistencia", además de la imagen de "sucesión". Hay que propender a alentar el empleo que tenga efectos de "concomitancia". Promover los emprendimientos que se presentan con el espíritu "colaborativo" de "código abierto", de tal manera que puedan ser conocidos y mejorados por los demás, sea por ejemplo los emprendedores que abren sus conocimientos de soft y de impresión 3D para producir prótesis de manos. Esa vocación "wikinómica" de apertura multiplica una serie incalculable de efectos concomitantes, más

	allá de los beneficios prácticos y emocionantes de quienes reciben las "manos 3D".

LLAVE 13
"MUNDO AUMENTADO"

ADN
Derecho de autor de la imagen: <u>Kirsty Pargeter</u>; 123RF.

Me parece que uno de los proyectos en que está inmerso la humanidad es en volver "recurso" todo lo acontecido hasta ahora y tratar de relacionarlo rizomáticamente con todo: libros, imágenes, películas, obras de arte.

Imagino que toda "expresión", todo "enunciado" se vuelve "inteligente" y se activa en relaciones con todo lo demás, sea por ejemplo esta misma frase. La operación es gigantesca y requiere de "infinidad" de trabajo y coordinación. "La "cosa" se ha abierto de tal modo, que están dadas las condiciones para que las relaciones sean no sólo entre actualidades "fenotípicas", ¡sino a nivel de la dimensión genotípica misma!

En "Vida 3.0", Max Tegmark propone el siguiente "resumen".

"Podemos dividir el desarrollo de la vida en tres fases, en función de la capacidad que tiene para diseñarse a sí misma:

- Vida 1.0 (fase biológica): su hardware y software son fruto de la evolución.

- Vida 2.0 (fase cultural): su hardware es fruto de la evolución; diseña buena parte de su software.

- Vida 3.0 (fase tecnológica): diseña tanto su hardware como su software.
Tras 13.800 millones de años de evolución cósmica, este desarrollo se ha acelerado espectacularmente aquí en la Tierra: la vida 1.0 surgió hace unos cuatro mil millones de años; la vida 2.0 (nosotros los humanos) apareció hace unos cien milenios, y muchos investigadores en IA creen que la vida 3.0 podría aparecer a lo largo del siglo próximo, quizá incluso durante nuestras vidas, como consecuencia de los avances en IA."

Para pensar "lo impensado" respecto del "empleo" se propone minimizar el modo de pensamiento "modelo-copia" y el modo de pensamiento de "género-especie".

Presuponer que las nuevas ideas de "empleo" deban parecerse a "modelos" presumidos explícita o implícitamente, o que las nuevas ideas deban ser "nuevas especies" de "géneros" preestablecidos, fagocitan la potencia de pensamiento. Una vía innovadora es considerar "empleos" novedosos en función de la potencia de los agenciamientos concebidos, más allá de "modelos" o "géneros-especies" pre-determinados. En vez de pensar que una "especie" se reproduce solamente con relaciones entre miembros de "la misma" especie, inspirarse en la *relación avispa-orquídea*, que supone relaciones y "empleos" "inter-reinos".

Chris Anderson plantea una serie de ideas interesantes, que pueden propulsar el empleo. Retomando la célebre distinción de Nicholas Negroponte entre "Bits" y "Átomos" ("información" y "cosas físicas"), considera que estamos en un momento potencialmente explosivo, porque los "Bits" nos han abierto el camino para una producción desbordante a nivel de "Átomos". Asistido por Word y el traductor de Google que me permite "emplearme" en aquellos quehaceres en los que supuestamente tengo más "ventajas comparativas", sintetizo esto del libro "MakerMovement" (páginas 21 a 41) que recibí en versión "Kindle":

"En resumen, el Movimiento Productor comparte tres características, todas las cuales, yo diría, son transformadoras:

1. Personas que usan herramientas de escritorio digital para crear diseños para nuevos productos y prototiparlos ("Hágalo Usted Mismo/Digital", "digital" "DIY").

2. Una norma cultural para compartir esos diseños y colaborar con otros en las comunidades en línea.

3. El uso de estándares de archivos de diseño comunes que permiten a cualquier persona, si lo desea, enviar sus diseños a servicios de fabricación comercial para ser producidos en cualquier número, tan fácilmente como pueden fabricarlos en su escritorio. Esto acorta radicalmente el camino de la idea al emprendimiento, tal como lo hizo la Web en software, información y contenido."

- "Trabajar en una fábrica suena aburrido, peligroso y sin salida. Pero hoy tenemos un camino para revertir eso, no volviendo a las gigantescas fábricas de antaño, con sus ejércitos de empleados, sino creando un nuevo tipo de economía de fabricación, una forma más parecida a la propia red: de abajo hacia arriba, ampliamente distribuida y muy emprendedora.”

- “El proceso de hacer cosas físicas ha comenzado a verse más como el proceso de hacer cosas digitales.”

- “Detrás de todos ellos está la misma cosa: personas que trabajan juntas con nuevas herramientas extraordinarias para crear una revolución en la fabricación.”

- “Ahora las condiciones han llegado para que funcione nuevamente, a una escala aún mayor, más amplia, en átomos.”

- Y nos recuerda: “Hoy en día, la gran mayoría de la Web está construida por aficionados, semipros y personas que no trabajan para grandes empresas de tecnología y medios.”

- Se pregunta respecto de cualquier fabricación: “1. ¿Cómo se mejorarían estos productos si estuvieran conectados a Internet? 2. ¿Cómo se mejorarían si los diseños estuvieran abiertos, para que cualquier persona pudiera modificarlos o mejorarlos? 3. ¿Cuánto más baratos serían si sus fabricantes no cobraran por su propiedad intelectual?”

Más allá de las argumentaciones de Anderson, ¿qué apreciación se puede colegir?

Viene a mi mente Marshall McLuhan y me asiste con la idea de “El Medio es el Mensaje”. ¿Cuál es el “mensaje”? Que Anderson al pensar determinadas ideas que “exportó” gracias a Amazon vía “Kindle” y que pude traducir rápidamente al castellano gracias a Google, YA están de manera silenciosa y emocionante movilizando fuerzas para propiciar nuevos y mejores “empleos”.

Las políticas de empleo deben ser pensadas como intentos de coordinar lo heterogéneo, lo dispar. Coordinar, promover, impulsar la comunicación a través de las diferencias, las disparidades.

No es cuestión de empezar todo de cero y caer en el lado deficitario del "constructivismo" (en el sentido de Hayek), pero es menester tener cuenta que los modos de plantear los problemas y las soluciones han de ser descubiertos y también engendrados, creados, re-creados, inventados.

El "empleo" dc los "recursos" debe ser pensado para unos campos de juego en que lo que sea "recurso" va cambiando, sea porque se intensifica el recurso, sea porque aumenta su extensión, sea porque surgen "recursos" impensados.

 El problema no es sólo buscar la consistencia en relación a "bienes" y "sujetos" dados, sino respecto de "bienes" y "sujetos" que aún no existen y que podrían advenir en cualquier momento, o que uno debería alentar a que advengan lo antes posible.

La demanda y oferta de empleo no "será" solamente "humana", sino "imbricada" y vigorizada por sistemas inteligentes. La espiral de nuevos propósitos puede estimular "la demanda" de "empleo" de manera inverosímil.

Un criterio para pensar la propulsión del empleo sería este: postular como "ideal regulativo" en el sentido kantiano, que todo "bien" o "recurso" pueda relacionarse con todos los demás y que al mismo tiempo se mantenga la sustentabilidad y solvencia del "sistema".

Bajo esta perspectiva la cuestión del empleo no es sólo una distribución o redistribución de derechos respecto de sujetos y bienes dados, sino una cuestión de "producción" de lo nuevo. El punto es importante, porque puede haber políticas de empleo más o menos consistentes para sujetos, bienes y un horizontal temporal dado, pero que no lo son para nuevos sujetos, nuevos bienes, y diferentes horizontes temporales. Y convergente con esto, es necesario pensar que no hay una "torta" fija o un "todo" fijo, sino que como dice Henri Bergson, el *"todo es abierto"*.

A su vez, es menester tener en cuenta que las ínfulas por "redistribuir" la supuesta "torta", erosiona la capacidad del sistema para expandirla y para generar "tortas" impensadas.

DESAFÍO	PROPUESTA
¿Puede que haya ingentes posibilidades de "empleo" en el futuro? ¿Cómo puedo pensar eso?	Presumiblemente, uno de los proyectos en que está inmerso la humanidad es en volver "recurso" todo lo que acontece y todo lo acontecido hasta ahora para tratar de relacionarlo rizomáticamente consigo mismo y con todo lo demás. La operación es gigantesca y requiere de "infinidad" de trabajo y coordinación. "La cosa" se ha abierto de tal modo, que están dadas las condiciones para que las relaciones sean no sólo entre actualidades "fenotípicas", ¡sino a nivel de la dimensión genotípica misma!

LLAVE 14
CUERPO SIN ÓRGANOS Y EMPLEO.

"Des-estratificación"
Derecho de autor de la imagen: lightwise; 123RF.

Deleuze y Guattari retoman la fórmula de "Cuerpo sin Órganos" de Antonin Artaud y efectúan un despliegue impresionante en el libro "Mil Mesetas. Capitalismo y Esquizofrenia". Me parece pertinente, conveniente y necesario, evaluar el tema del empleo en relación a esta noción y por tanto abrirse a considerar variantes de empleo, que intenten liberarse de las maneras actuales de organizar la vida, el mundo y el sí mismo.

La idea es dejar de lado los encastres o pensar otros tipos de encastre entre racionalidades, otros tipos de relaciones no acotadas por las métricas actuales. Incluso pensar otro tipo de racionalidades.

Sostienen Deleuze y Guattari: "el CsO no es en modo alguno lo contrario de los órganos. Sus enemigos no son los órganos. El enemigo es el organismo. El CsO no se opone a los órganos, sino a esa organización de los órganos que llamamos organismo."

"El organismo ya es eso: el juicio de Dios del que se aprovechan los médicos y del que obtienen su poder. El organismo no es en modo alguno el cuerpo, el

CsO, sino un estrato en el CsO, es decir, un fenómeno de acumulación, de coagulación, de sedimentación que le impone formas, funciones, uniones, organizaciones dominantes y jerarquizadas, transcendencias organizadas para extraer de él un trabajo útil. Los estratos son ataduras, pinzas."

Las nuevas tecnologías, los algoritmos inteligentes, la economía de mercado Long Tail, son y serán motores significativos para lograr "empleo" afines a los procesos de des-estratificación que muchos desean.

Coadyuvarán a encontrar que puede estar estratificando y cómo salir de ello. Organismo, subjetivación, lenguaje, sexo, pensamiento, etc, etc, son estructuras que posibilitan muchas cosas pero también estrechan, frenan, obturan, y muchos quieren y querrán línea-fugarse de ello.

Por tanto, es imprescindible tener en cuenta la perspectiva no sólo de conseguir más "empleo" para sujetos dados, sino para facilitar el escape de los estratos que nos organizan y subjetivan. Augusta Nietzscheana Dionisias clama: "¡No deseo ese tipo de empleo que me ofrecen, quiero desemplearme de eso!"

Es menester tener en cuenta que no todo el mundo desea "emplear" la vida de modo tradicional o en función de ciertos modelos que sienten "ajenos". Hay toda una competencia de estilos de vida. No se me ocurre pensar que Alissa White-Gluz o Tim Minchin considerarían cantar en el coro de la parroquia.

La cuestión del empleo debe ser pensada además, en relación a la "velocidad". Hay muchas vitalidades que necesitan vivir a "otras" velocidades. Efectúe aquí su propia lista con 10 ejemplos. En mi caso pienso que los guitarristas de heavy metal, los pilotos de motos, autos, aviones; los que compiten en campeonatos de cubos "Rubik"…

También hay muchas vitalidades que necesitan pensar y experimentar otros tipos de "tiempo". Spinoza, Nietzsche, Bergson, Einstein, Macedonio Fernández, Borges, Deleuze, Judas Priest, Accept, AC-DC, Metallica, Nightwish, Arch Enemy … son signos de que muchas vitalidades prefieren asignar el empleo de sus recursos vitales a otras velocidades y ritmos. No creo que los burócratas estatales entiendan o sientan estas "necesidades" de empleo, y por tanto están tomando impunemente y sin la preparación adecuada, decisiones que afectan demasiado los planos vitales de muchos.

Más allá de la existencia de funcionarios asqueantes, hay otros que no lo son y tienen enormes capacidades individuales, sin embargo –según la argumentación de Hayek- no hay individuos o grupo de individuos que pueda superar la potencia de la información descentralizada que es producida y procesada en el mercado.

Los nuevos agenciamientos de empleo inteligentes posibilitarán salidas impensadas. El "empleo" no debe ser pensado sólo como una manera de asignar "bienes" dados o "trabajadores" dados, sino como sondas para explorar nuevas maneras de "emplear" lo recursos y la energía vital, y también como sondas para repreguntarse qué sea "recurso" y qué energías vitales puedan ser descubiertas, inventadas, y qué maneras de vida puedan ser liberadas.

En "Mil Mesetas" Deleuze y Guattari escriben: "Los flujos de intensidad, sus fluidos, sus fibras, sus continuums y sus conjunciones de afectos, el viento, una segmentación fina, las micropercepciones han sustituido al mundo del sujeto. Los devenires, devenires-animales, devenires-moleculares, sustituyen a la historia, individual o general." Hay que pensar el empleo también desde la perspectiva de "flujos de intensidad", más allá de todo lo que nos "estratifica".

El "empleo" tiene que ser utilizado pues como manera de pensar "lo impensado". El aserto de Heidegger respecto de que "aún no pensamos", tiene que ser retomado desde la perspectiva del "empleo". Una nueva puntería "económica", una nueva orientación ética: pensar el empleo impensado, pensar lo impensado.

DESAFÍO	PROPUESTA
¿Cómo pensar "lo impensado" en	Es necesario fugarse de la metafísica tradicional que sustenta el pensamiento sobre "el empleo", y evaluar los estilos y modos de

relación al "empleo"?	existencia heterogéneos que existen o pueden existir, y que no quieren quedar estratificados en los modos de vida tradicionales, o prevalecientes, o "mayoritarios", o "impuestos".

LLAVE 15
LIBERAR LAS FUERZAS PRODUCTIVAS AMARRADAS.

¡SOLTAR LAS AMARRAS!
Derecho de autor de la imagen: shamain; 123RF.

Es extremadamente importante no confundir los problemas que sobrevienen de la ineficiencia del régimen del derecho laboral, del régimen impositivo, del régimen monetario, con temas de tecnología y automatización. Suele ser un lugar común, la imputación de culpas a la tecnología, cuando los problemas son más pedestres: no hay incentivos en el sistema para trabajar e invertir.

Cuando un bien o servicio no es "muy" demandado, cualquiera prontamente aplica la "Ley de la Oferta y la Demanda" y se pregunta si el precio no estará "caro". ¿Por qué en cuestiones de "empleo" se es tan reacio a considerar eso?

¿No será que las condiciones de contratar "empleo" (los salarios, los aportes y cargas, la normativa laboral, la justicia laboral) son demasiado "caras"? Hay que considerar esto con detenimiento y no pasar enseguida a responsabilizar a los procesos de automatización, robots e inteligencia artificial.

La automatización y los nuevos productos tecnológicos pueden ser una bendición para los sistemas que están obstruidos por la legislación laboral e impositiva.

Bajo esta perspectiva, la tecnologización es afirmada como una vía que puede ofrecer cierta competitividad a los agenciamientos (por ejemplo "argentinos") o al menos permite estar ligados a lo que pasa en el mundo, y consecuentemente seguir demandado "trabajo".

Es sintomático del intervencionismo estatal que una de las medidas que actualmente se utilizan para cifrar la extensión de la presión impositiva, sea evaluar para cada sistema el "Día de la Independencia Tributaria".

Si se trabaja más de la mitad del año para el "Estado", seguramente hay allí factores extraordinariamente relevantes para explicar el desempleo, los salarios no demasiado motivantes, y la escasa coordinación entre lo que quiere, querría o podría querer la oferta de trabajo y lo que quiere, querría o podría querer la demanda de trabajo.

Hay que dejar de pensar resolver problemas en términos de "imposición". En todo caso lo que es menester, es bajar la presión de imposiciones.

Hay algo insidioso en querer usufructuar de los avances de la tecnología, exigir que nos brinden ocupaciones gratificantes y emocionantes, nos permitan emplearnos en cosas bien importantes, significativamente remuneradas, con extensos beneficios sociales y mucho ocio, nos libere de tareas monótonas y aburridas, y al mismo tiempo hacer todo lo posible para que sea cuasi imposible tratar de desarmar empleos anti-económicos, resguardados por los regímenes normativos y por los modus operandi de la política económica.

Las opciones no son estabilidad laboral bien remunerada para todos versus automatización.

Que haya un proteccionismo laboral intenso, provoca que los que están "adentro" se benefician respecto de los que están "afuera", y a mediano plazo, puede que la dinámica sea de "dilema del prisionero", sistemas subóptimos y eventualmente insustentables.

Si en el mercado laboral las barreras de salida son altas, esto tiene el efecto económico de elevar las barreras de entrada. Antes de contratar alguien, el empleador lo piensa mil veces y esa es una causa del "desempleo".

Los sindicatos en este sentido restringen la oferta laboral y se concentran en defender a los que están "dentro" y hacen caso omiso de los que quedan "fuera" (la gente que quiere conseguir empleo).

Lo que debería advertirse es que hay sencillamente un juego de relaciones humanas: ciertos agenciamientos humanos privilegian a algunos humanos respecto de otros. Las diatribas contra "la automatización" propenden a ignorar u ocultar este hecho.

En muchas argumentaciones hay todo un implícito tinte solidario cuando se defiende la protección de empleos, enfatizando lo notablemente importante que resulta que las personas tengan empleos bien remunerados, y el descalabro que implica o puede implicar no tenerlo. En función de eso, es menester indagar el tema con profundidad, paciencia, tranquilidad y consistencia. Argüir y ungirse de virtudes éticas, autoproclamarse pensador de buena voluntad y "alma bella" no garantiza que el enfoque sea consistente y lleve a buen puerto.

Lo que estoy sosteniendo es: no es necesariamente cierto que el proteccionismo laboral consiga lo que declama.

Algunas de las preguntas sencillas de política económica que uno debería tener en cuenta son:

- ¿Tal medida que protege al empleo actual de ciertos trabajadores, puede que desproteja a las personas que quieren trabajar y no consiguen empleos?

- ¿Tal protección de empleos puede que obstruya el conseguir empleos futuros dentro del sistema?

- ¿Puede que todas estas medidas proteccionistas de empleo desmejoren la productividad del sistema y que a cierto plazo los salarios reales caigan ostensiblemente y que en todo caso, deriven en falta de eficiencia y también en desempleo?

Creo que a los efectos de generar empleo lo que incumbe es facilitarle la vida a los emprendedores, a los emprendimientos que necesitan emplear personas.

En vez que por circunstancias de Derecho Laboral los emprendedores digan "mi función de demanda de trabajadores es menos 8", estimularlos para que tengan avidez por entrar en nuevos contratos laborales. La política estatal puede contribuir mucho soltando lo que amarra a las fuerzas productivas.

La fórmula de Alberdi de su "Sistema Económico y Rentístico" sigue vigente: "¿qué exige la riqueza de parte de la ley para producirse y crearse? Lo que Diógenes exigía de Alejandro; que no le haga sombra." Podrían pensarse por ejemplo, desgravaciones impositivas para nuevos emprendimientos, minimizando los aportes de los empleados y las contribuciones "patronales".

Si todo es infinito e ilimitado "siempre" va a haber "desempleo" y "sub-empleo" actual y virtual. ¿Cómo encaramos el problema? ¿De manera afirmativa y potente o desde el resentimiento?

Con el método político el problema del "desempleo" tiende a volverse "infinito". Lo que mejor se les ocurre es multiplicar la "protección" laboral. Inclusive un ilustre empresario como Bill Gates propone cobrarle impuestos a los robots.

A mi entender hay que invertir esa forma de pensar y bajar los costos laborales y bajar los costos impositivos. Si quieren aplicar privilegios, podrían bajar costos impositivos en donde haya empleo "humano". De todos modos, hay una pregunta políticamente incorrecta que es la siguiente: ¿cuáles serían las razones para privilegiar a los humanos antes que a los robots?

Una vez eso, empiezan a trasuntar otras problemáticas, ¿se quiere proteger a los "humanos" de los robots o bien se trata de privilegiar a algunos "humanos" en contra de otros?

Considerar el "empleo" como "sonda" para captar, descubrir, concebir, inventar nuevos agenciamientos vitales de forma tal de habilitar "diferencias" y "procesos de diferenciación" no atendidos anteriormente o directamente impensados, llevará a abrir la cuestión (de "¿derechos?") a vitalidades animales, vegetales y respecto de "la prodigiosa vida inorgánica".

Pensar los "derechos" "humanos" frente a las máquinas (robots, procesos de automatización, algoritmos inteligentes) seguramente active la problematización del status relativo de los animales "humanos" frente a las vacas y los pollos. El argumento de la "racionalidad" humana quedará un tanto escaso para dirimir el juego de cuestiones.

Pregunta disparadora: ¿un algoritmo que aprende y mejora la vida de "todo" lo demás, no es algo que debería también ser protegido?

Lo de "mejora todo lo demás" es una licencia para insuflarle pimienta al asunto. Está claro que podrá mejorar muchas cosas y al mismo tiempo podrá desmejorar otras, como también es propio de los "humanos".

La obstrucción al empleo debería ser indagada no solamente en relación a la ineficiencia económica, sino también respecto de la "inseguridad" y de la delincuencia. Muchas corrientes de "Análisis Económico del Derecho" coligen que si se pudiera conseguir empleo en corto plazo a retribuciones motivantes, probablemente disminuiría la delincuencia.

El hecho de Uber en la Argentina es una mostración contundente de como se puede generar empleo cuando es facilitado y no está acosado por regulaciones e imposiciones.

 Uber muestra como se puede dar una oferta productiva de otra calidad, promoviendo el encuentro entre mucha gente deseosa de trabajar y mucha gente deseosa de un producto-servicio apetecible desde ciertas dimensiones de seguridad, eficiencia, transparencia, elegancia.

De manera "increíble" uno puede encontrar "empleo" de un día para otro, y además ser muy atractivo para personas con varios "niveles" de "adultez", pero también para jóvenes estudiantes, mujeres y extranjeros.

La tecnología es aquí un ejemplo interesante de cómo una oferta productiva novedosa promueve el empleo, facilitando el encuentro entre oferta y demanda, o creando oferta y demanda. ¿Se trata de una actividad de "transporte"? Pareciera que lo que marca la diferencia es la plataforma de información intensiva que a través de la APP "in-forma" al desplazamiento físico.

Habría que estudiar en qué extensión afecta al servicio de taxis tradicional, pero también evaluar la medida en que son mercados "distintos". Lo que se descubre con Uber es que hay mucha fuerza deseosa de trabajar y que hubiera permanecido "invisible" de no haber mediado esta irrupción. Del mismo modo, puede haber inmensas fuerzas productivas que no son ahora "visibles", merced a configuraciones demasiado gravosas sea por ejemplo por la legislación laboral y tributaria.

La oposición "hombre" versus "máquina", no es necesariamente rigurosa. Más allá de las sinergias, complementaciones e hibridaciones posibles, muchos de los problemas de esa mentada dicotomía, conciernen más propiamente a diferencias entre grupos humanos. Son más bien conflictos "humanos" intrasocietales que no se corresponden con una supuesta relación contradictoria entre "máquinas" y una supuesta unidad "humana".

Para evaluar la cuestión se pueden idear muchos "escenarios". Así, en vez de suponer una confrontación directa entre "máquinas" y "humanos", se podría pensar el problema en términos de grupos de "humanos" que intentan controlar, regimentar, regular, manipular, y/o restringir los accesos a la tecnología.

También podría pensarse la cuestión como tensión entre diferentes grupos de intereses: determinados grupos humanos con determinadas propiedades e intereses quieren imponerse a otros grupos humanos con otras propiedades e intereses.

En las discusiones "hombre-máquina" suele haber una presunción implícita de qué sea "ser humano". Sin mayores dilaciones suelen presentarse defensas corporativas de "lo humano", sin genuinamente saber de qué se está hablando o qué se está defendiendo. Dicho sea de paso, ¿no pasa eso cuando se invoca el famoso "Test de Turing"?

Suelen esgrimirse críticas exacerbadas a las nuevas tecnologías y la automatización, pero esos avances desplegados en el propio sistema económico o en otros sistemas productivos, quizás sean los hilos que mantienen vigentes a muchos agentes económicos en la economía.

La automatización y los nuevos productos tecnológicos pueden ser una bendición para los sistemas que están obstruidos por la legislación laboral y el régimen impositivo.

DESAFÍO	PROPUESTA
¿Cómo pensar el "empleo" frente a la "competencia" "impiadosa" de la tecnología?	Para generar "empleo", hay que maximizar los incentivos en el sistema para trabajar e invertir. Es menester dejar de lado la imputación de culpas a la tecnología La automatización y los nuevos productos tecnológicos pueden ser una bendición para los sistemas que están obstruidos por la legislación laboral. Una propuesta básica y elemental para generar empleo en la Argentina, pasa por bajar las cargas a la relación laboral, bajar la desmesurada presión impositiva, eliminar la "inflación" y minimizar el "costo argentino".

LLAVE 16
CONECTAR, CONECTAR, CONECTAR.

Abrir todo lo que esté cerrado a la conexión. Conect-AR.
Derecho de autor de la imagen: zozoen; 123RF.

La propuesta es pensar el tema del "empleo" desde un "enfoque relacional y de conectividad" que promueva el acercamiento entre oferta y demanda, y a su vez, que a través de su experimentación, provoque nuevas ofertas y demandas.

Agencias munidas de algoritmos inteligentes podrían impulsar registros de interesados en determinados empleos, e informar cuando se producen ciertas vacantes o nuevas demandas de empleo.

Las agencias intermediarán la información y el acercamiento de las partes, al estilo portales (o aplicaciones) como "Bumeran", "Zonajobs", "Computrabajo", "Clarín Empleos", "Workana", "Linkedin", "Indeed", "Apli", etc, y los algoritmos inteligentes concebirán "empleos" y conexiones no previstas.

En un mundo de "Internet de las Cosas", ingentes oportunidades de empleo de recursos, surgirán de la comunicación de dispositivos inteligentes entre sí y con humanos.

Hay que alentar todo lo que propicie la relación de oferta y demanda de empleo. Así como se ha instrumentado la institución de la "Mediación" en la práctica jurídica o como los portales que han implementado el acercamiento de bancos y clientes respecto de préstamos financieros, alentar a los "Mediadores de Empleo".

A nivel académico la Universidad de Buenos Aires practica ya desde hace tiempo el criterio propuesto: hay un registro de todos los concursos en marcha y se brinda información on line a todos los profesores que han anotado su interés en las diferentes materias que se cursan en la universidad.

Procedimientos más audaces podrían ser los de "subasta", o aquéllos que se han utilizado en la compra-venta de pasajes de aviación: el "comprador" fija el precio de lo que pagaría por determinado pasaje y si la "agencia" lo consigue, cierra el trato (puede involucrar la aceptación de trasbordos y esperas). En el caso del "empleo", el que ofrece su trabajo, podría apuntar el ingreso deseado al que se comprometería.

La propuesta de "enfoque relacional y de conectividad" puede apreciarse con las ideas pioneras de Nicholas Negroponte. Negroponte consideraba que era más fructuoso considerar mejorar la potencia de "la inteligencia" no meramente incrementando el poder de los procesadores sino conectando cosas.

Decía que todos los electrodomésticos de la casa estaban desconectados… Pues bien, hay mucho campo disponible para conectar todo lo que por ahora está desconectado y esto se expande notablemente si consideramos la posibilidad de contratos de flujos de oferta y demanda de trabajo que puedan contratarse en función de períodos cortos como horas, que no requieran de las formalidades gravosas de los contratos tradicionales, y que ofrezcan seguridad a las partes contratantes.

A nivel intra-corporativo proliferarán las plataformas colaborativas que conecten el entorno laboral propiciando herramientas que mejoren la comunicación y la eficiencia en el trabajo dentro de la empresa, sea como el caso exitoso de "Slack".

¿Qué criterios podrían utilizarse para mejorar el ajuste entre oferta y demanda de empleo? Habría que pensar el "empleo" en términos de: flujos de oferta y demanda de trabajo específico y singular, que trasuntan multiplicidad de dimensiones (económica, informativa y emocional), y que no necesariamente tengan que restringirse a ofertas y demandas "humanas".

La filosofía de Gilles Deleuze puede aportar novedosos criterios para pensar y estimular la conectividad. John Rajchaman en "The Deleuze Connections" argumenta que hay en este pensador "un intento de desarrollar *conectores lógicos de tipo original, irreductibles a la generalización o especificación dentro de categorías puras y, por lo tanto, irreductibles a la unión e intersección de conjuntos: conectores que operan en cambio con "zonas de indistinción" que* escapan a las oposiciones o contradicciones. […] *Abre, en otras palabras, la posibilidad de una "síntesis disyuntiva", en las cuales las cosas disjuntas son "dispares" y no "distintas", y la síntesis es "inclusiva" y no "exclusiva" ("que esto acompañe a aquello"). […] El operador lógico fundamental es el "Y", anterior al "Es" de la predicación o la identidad."*

Hay que pensar en abrir la conectividad, pensar qué se pueda abrir a la conectividad, y permitir que las novedosas ofertas y demandas estén legitimadas para conectarse efectivamente. Se podría pensar una especie de aplicación UBER, que pudiera:

- acercar la oferta y demanda de empleo,

- mejorar el "calce" entre oferta y demanda desde las perspectivas de "especificidad" y de "singularidad",

- estimular el contacto entre aquéllos que más valoran el "encuentro" laboral,

- volver más "productivos" y "eficientes" los "espacios-tiempos" de las partes involucradas,

- volver más "productivos" y "eficientes" los activos de los potenciales "ofertantes" y "demandantes" de empleo.

DESAFÍO	PROPUESTA
¿Qué criterios podrían utilizarse para mejorar el ajuste entre oferta y	Se propone pensar el "empleo" desde una "perspectiva marginalista": flujos de oferta y demanda de trabajo específico y singular, que trasuntan multiplicidad de dimensiones, y que

demanda de empleo?	no necesariamente tengan que restringirse a ofertas y demandas "humanas". Portales y APPs, estatales y/o privados, pueden volver operativos este acercamiento de "oferta y demanda" de empleo.

LLAVE 17

ALGORITMIZACIÓN O BARBARIE

Derecho de autor de la imagen: Bruce Rolff; 123RF.

Rigurosamente el valor del empleo no radica meramente en el valor del soporte físico de los agentes y de los agenciamientos participantes, sino de las conexiones de potencia que permiten. No hay que concentrarse en los aspectos fenomenológicos y exteriorizados del intercambio laboral. Hay que ir lo más "profundo" que se pueda. "Deep Learning". Considerar el empleo como "data" puede ser la manera "necesaria" de "cuidar" a las personas de carne y hueso.

El empleo no tiene que ser evaluado solamente a las identidades tradicionales que tienen o tuvieron vigencia. El mundo se ha ilimitado y es menester pensar en el "ser pre-individual" y "post-individual", es decir las nuevas individuaciones que pueden producirse si uno se abre a la conectividad y comercia.

Es menester vincular el "empleo" con la "predicción" que puedan efectuar lo que Jerry Kaplan denomina *Intelectos Sintéticos*. Esas capacidades sobrehumanas podrán anticipar ofertas y demandas de empleo. En esa "Economía de la Anticipación del Empleo", las maquinaciones algorítmicas evaluarían las afinidades que podrían funcionar mejor.

Conectividad + Algoritmos + Perspectiva Marginalista. ¿Qué empleo? ¿Cuánto de empleo? ¿En dónde? ¿Cuándo? ¿A qué precio? ¿Qué cantidades de horas se solicitan? ¿5 horas diarias o 30 horas semanales cuando el empleado elija?

Las "Máquinas de Inteligencia Sintética" podrían considerar nuevos "formatos" de empleo, nuevas maneras de intermediar "trabajo" bajo la perspectiva "marginalista" de "flujos" de trabajo. Detectarían a cada segundo las oportunidades que se presentan, para arbitrar acuerdos de empleo que produzcan ganancias para todos. Adicionalmente, hay una cuestión importante: plantearían oportunidades de oferta y demanda de empleo que los mismos titulares no pensaron.

Teniendo los intercambios diversos formatos, modalidades y tiempos, impulsados por algoritmos inteligentes y "Big Data", se evitarían los procesos "disipativos". Esta nomenclatura de Ilya Prigogine probablemente fuera respaldada por Sarmiento, quien quería acabar con la disipación de "energía" en la Argentina.

El problema que divisaba Sarmiento respecto de Argentina, era que dada su extensión, el "Estado" siempre llegaba tarde. Proponía entonces, insuflar velocidad al sistema a través del comercio por ríos y ferrocarriles. La intención "sarmientina" sería una especie de política nacional no con el objeto de destruir la "barbarie" sino para absorberla e integrarla a la "civilización". Seguramente un Sarmiento 2.0 propiciaría las Super Autopistas de la Información como modo de conjurar los monopolios caudillescos y de integrar a las fuerzas potentes pero dispersas en la Argentina.

Los *Intelectos Sintéticos* nos podrían asesorar respecto de proyecciones de obsolescencia de nuestros activos, nuestras habilidades. Asociarían nuestras habilidades a las oportunidades de empleo y a las posibilidades de mejorar nuestra currícula con las posibilidades de capacitación vigentes.

Cada persona (¿cada "activo"?) tendría "su" representante, sponsor, gestor, administrador, que mediarían apoyados por programaciones algorítimicas y "Big Data".

Las empresas que se dedicaran a la "representación" de ofertantes de "empleo", podrían adquirir los derechos sobre X cantidad de horas de trabajo durante ciertos períodos, y arbitrar en la intermediación de la oferta y la demanda de trabajo.

El problema del "empleo" cambia mucho si se lo presenta así: "Tecnología y Generación de Empleo en un Mundo de Agentes-y-Máquinas con capacidades sobrehumanas, que usan "Big Data" y aprenden". Es menester eludir la trampa antropomórfica de pensar el tema del empleo. Si le presentaran el problema de la generación de empleo a una máquina inteligente, ¿cómo lo plantearía? , ¿cómo lo resolvería?

Si el devenir avispa-orquídea se las ha arreglado para componer un rizoma componiendo los flujos "a-paralelos" (N2) de dos "reinos" dispares, los algoritmos inteligentes deberán también captar o concebir composiciones de flujos heterogéneos, "a-paralelos" de oferta y demanda de empleo.

DESAFÍO	PROPUESTA
¿Cómo puede la tecnología apoyar hoy la generación de empleo?	Promover la utilización de algoritmos inteligentes y "Big Data" para pensar la intermediación de la oferta y demanda de trabajo en función de nuevos "formatos" de empleo para "flujos" de trabajo. La utilización de estas nuevas tecnologías "inteligentes" captaría oportunidades de oferta y demanda de empleo que ni los mismos titulares de los "recursos" podrían concebir. Algoritmos, Big Data y "Perspectiva Marginalista" minimizarían los procesos "disipativos" de empleo.

LLAVE 18
HABRÁ ALGORITMOS EN COMPETENCIA Y LOS ALGORITMOS SERÁN OFERTANTES Y DEMANDANTES DE EMPLEO.

Competencia de Algoritmos
Derecho de autor de la imagen: Oleh Svetiukha; 123RF.

Se suele decir que el conocimiento importa un "bien económico" "no rival" en el sentido de que el conocimiento se puede usar sin gastarse por infinitos usuarios.

La idea destaca algunos aspectos ciertos, pero bajo otros aspectos hay que decir que las ideas también se gastan. Se gastan en el sentido de que pierden fecundidad para arremeter con problemas actuales, sea por ejemplo por volverse obsoletos por la aparición de otros "métodos" de encare y resolución.

Una cuestión que es menester afirmar y enfatizar, es que las ideas SÍ tienen "rivales" y pasa lo mismo con los algoritmos.

Justamente, una de las tendencias actuales es la competencia entre algoritmos rivales. Las compañías con mejores performances serán aquéllas (que entre otras cosas) tengan los algoritmos más potentes, más completos, más consistentes, que tengan en cuenta más "Big Data" y que aprendan mejor y más rápido.

Una compañía que administra activos financieros jugará mejor si tiene mejores algoritmos, e "invariadas las restantes circunstancias" tendrá más retorno de sus inversiones y le sacará ventaja a las demás empresas. Desde luego que en última instancia está en juego la supervivencia de los competidores.

En un mundo que evoluciona hacia procesos maquínicos inteligentes con crecientes facultades de "autonomía", puede presuponerse que "ellos" mismos sean actores importantes en los mercados de oferta y demanda de empleo, y que "ellos" mismos sean ofertantes y demandantes de empleo. Todo esto se potenciará aún más, cuando se entre en la fase de "Internet de las Cosas".

Es de esperar incrementos inauditos de "demanda", que serán iniciados e incitados por las nuevas inteligencias: algoritmos y cosas inteligentes. También es dable de esperar que bajen los precios de muchos bienes y servicios, lo que implicará un aumento significativo de los ingresos de las personas, pero también el desafío de volverse eficientes o atractivos en algún modo.

Si uno quiere ser demandado por algoritmos inteligentes, seguramente tendrá que hacer las cosas con una calidad, una captación de relaciones tan refinada que merezca la atención de la nueva super-demanda.

Los escritores deberían preguntarse: ¿compraría un algoritmo inteligente mi libro? ¿le serviría de algo? ¿hay in-formación nueva, nuevos "insights" o todo podría leerse en textos e información ya disponible? Recordemos que los procesos maquínicos pueden procesar toneladas de información en segundos.

"Samantha" (Scarlett Johansson) el sistema operativo o "conciencia" que aprende y mejora todo el tiempo y que enamoró a "Theodore" en la película "Her", ¿se sentiría estimulada de hacer migas con alguno de nosotros?

DESAFÍO	PROPUESTA
¿Puede convivir "el hombre" con un sistema de algoritmos inteligentes?	Es menester considerar que lo que sea "hombre" está en proceso de transformación. Los algoritmos inteligentes funcionarán también como "sondas" para explorar "lo humano" y "lo vital", competirán entre sí, serán ofertantes y demandantes de empleo, fuente de ingresos, y fuente de nuevas relaciones amicales y afectivas con los seres humanos.

CAPITALIZAR LAS EXPERIENCIAS DE TODOS LOS INTERCAMBIOS Y DEL EMPLEO.

"Pinball"
Derecho de autor de la imagen: <u>Ruslan Gilmanshin</u>; 123RF.

Estamos en una fase evolutiva de "Repetición Aumentada": todo acontecimiento impulsa una "repetición" de los otros, pero de manera "aumentada", "amplificada", "acrecentada". Así cuando se jugaba con los "Flipper" de antes o en los dispositivos electrónicos hoy, la bola multiplica todo según donde vaya pegando. Volteando todas las "banderitas" se prende la luz roja del "Special" y las multiplicaciones se agigantan.

Una compra en Mercado Libre, E-Bay o Amazon, no es sólo "ese" intercambio, sino una potenciación de todos los conocimientos que pueden vincularse a él. Una transacción activa calificaciones de ambas partes, mejora o empeora la reputación respectiva facilitando o no la proyección de los agentes en cuestión, alimenta datos de preferencias que alimentan las correlaciones entre los diferentes bienes, que retroalimentan nuevos consejos y punterías para la producción, la inversión, y el consumo. Se trata de multiplicidades de retroalimentación, todo se pone o tiene la posibilidad de jugarse en presuposición recíproca. Toda transacción, todo evento, es una oportunidad para capitalizar la experiencia y potenciar "todo".

Las transacciones no son evaluables simplemente a un nivel, sino que cada "evento" económico en tanto puede ser relacionado con todo lo demás es como elevado a superiores potencias.   El mundo "humano" se está expandiendo, haciéndose más "enriquecidamente denso".

El desafío consiste en poder aprovechar esta "super capitalización" del conocimiento, y no reaccionar en contra a efectos de defender o reivindicar pasados modos de existencia.

Se hace menester, propulsar una concepción del "empleo" que no se limite a la consideración de los meros intercambios individuales, sino pensar un sistema en el que todo "intercambio" se capitalice y potencie todo. Una de las características de la "Economía Digital" consiste en la capitalización de la experiencia: una compra-venta en Mercado Libre es realizada porque ambas partes estiman que eso los mejora, pero además, cada parte califica a la otra, y esto facilita el comercio futuro, porque supone cambios por ejemplo en la "reputación", pero también los "bienes" en juego son mejor conocidos y reputados, surgen o pueden surgir reseñas, comentarios, alabanzas o dardos de "haters".

Todo intercambio alimenta la data que "informada" podrá captar mejor los gustos y las correspondencias entre "preferencias" de manera de poder dar mejores sugerencias y consejos (por ejemplo en la forma: «el que compra "X" también compra "Y"»). La propuesta consiste pues en "capitalizar la experiencia" de "empleos" utilizando todos los mecanismos probados propios de la "Economía de Likes" o "Economía de la Reputación", que mejoran todo paso a paso. Hay que alentar los mecanismos recíprocos de calificación que facilitan que proliferen los que mejor atiendan los deseos de los demás. Que aquéllos que mejor se desempeñan puedan abrirse paso, implica propiciar sus expansiones y empoderarlos para que tomen más empleo.

El caso de Uber es paradigmático: las dos partes se califican, y aquéllos que mejor se comportan, tienen más facilidades de proyección. Si un vendedor en Mercado Libre tiene 4% o más de calificaciones negativas, eso funciona como un indicador que el sujeto o la empresa no cumple, y que comerciar ahí importa un gran riesgo. Estos mecanismos se aplican en Mercado Libre, no sólo respecto de transacciones de "bienes" sino también de "servicios" u "oficios" como electricidad, instalación y mantenimiento de aires acondicionados, o lo que fuera.

Las empresas privadas utilizan mecanismos análogos cuando solicitan "encuestas sobre la calidad del servicio" o cuando en Netflix se puede calificar con el pulgar para arriba o para abajo respecto de sus productos, o cuando en "TripAdvisor" se puede hacer una evaluación detallada de determinado hotel o posada. A veces las posadas atendidas por sus propios dueños logran puntajes increíbles y superan ampliamente a hoteles de 5 estrellas. La cuestión es que tales mecanismos son notables para orientar las decisiones de los usuarios respecto del empleo de sus recursos.

El mecanismo de "likes", "puntajes" o "scoring" se puede extender y generalizar: maestros, profesores, atención al público en dependencias del estado, etc, etc. La idea es promover y facilitar el acceso y la expansión a quienes se esfuerzan en ser eficientes en sus empleos e intercambios.

En "Black Mirror", el episodio 1 de la temporada 3 se denomina "Caída en picada" y explora de manera interesante, irónica y burlesca los alcances absurdos de una "Sociedad de Likes".

De todos modos, me parece que la "Economía de la Reputación" fortalece al que tiene buenas calificaciones de los demás y lo empodera para ampliar sus vinculaciones laborales, haciendo que todos los contratos que vayan surgiendo tengan mejores grados de consistencia.

Hay que propiciar que la generación de empleo tenga más chances de estar vinculada a los que hacen mejor las cosas. A su vez, el sistema tiene que motivar a los que se esfuerzan por marcar la diferencia o quieren hacerlo.

Tanto en la administración estatal como en la actividad privada podrían evolucionar "índices de reputación", que incluso compitieran entre sí. Se podrían concebir índices de reputación en función de criterios heterogéneos "medidos" por puntajes: acreditación de antecedentes, cursos (diferentes gradaciones de cumplimiento); pero también indicadores novedosos, sea por ejemplo de "persistencia" por logros deportivos u otros; indicadores de adaptación a lo heterogéneo, etc.

"Internet Movie Database" (IMDb) es una base de datos en línea con toda la información vinculada a películas. Tiene un sistema muy preciso de calificación que permite varios desagregados. Por ejemplo la película "Blade Runner 2049" tiene al 8 de marzo de 2019 un promedio de 8 puntos basado en 364.883 calificaciones. Si usted cliquea puede chusmear las calificaciones de aquéllos que tienen menos de 18 años, entre 18 y 29 años, entre 30 y 44 años, y las de 45 o más años. También puede consultar las calificaciones masculinas y las femeninas. A la hora de elegir la película para ver, ciertamente es racional tomar en consideración agregar las apreciaciones de otros miles de seres. ¿El empleo futuro no tendría que seguir estos criterios de reputación?

DESAFÍO	PROPUESTA
¿Cómo empoderar a quiénes cumplen y son eficientes?	La propuesta consiste en "capitalizar la experiencia" de todos los intercambios, utilizando todos los mecanismos probados propios de la "Economía de Likes" o "Economía de la Reputación". Hay que alentar los mecanismos recíprocos de calificación que facilitan que puedan proyectarse los que mejor atiendan los deseos de los demás. Está bien propiciar que la

<table>
<tr><td></td><td>generación de empleo tenga más chances de estar vinculada a los que hacen mejor las cosas.</td></tr>
</table>

LLAVE 20
EMPLEO Y APRENDIZAJE. UNIVERSIDAD DEL FUTURO.

"Logo" de la "Universidad del Futuro"
Derecho de autor de la imagen: Arip Santoso; 123RF.

La cuestión de la generación de "empleo" podría impulsarse y retroalimentarse con una "adecuada" relación con la "educación". Una "educación" que tenga que ver con la experimentación, la creatividad, la innovación, el descubrimiento, la práctica personal, el saber evitar los "dogmatismos", el aprender a aprender, el capacitarse para poder potenciar todo, la habilidad para conectar todo e inventar nuevas conexiones, el poder volver todo más "inteligente", el poder hacer crecer la "sensibilidad", el promover el espíritu lúdico, la facultad para transformarse a sí mismo.

La carrera tendría especial vinculación con capacidades que permitan desenvolverse "económicamente" (en sentido amplio), y podría extenderse por 4 años, con un título intermedio a los 2 años.

En la Era del Aprender a Aprender, todo "el mundo" está incitado a "aprender", sean "humanos", "máquinas", "maquinismos" o "algoritmos. Los "empleos" mejor remunerados serán aquéllos más potentes en esto de "aprender a aprender". Un ejemplo didáctico en tres imágenes podría ser la siguiente: 1) una Ferrari estacionada; 2) una Ferrari a 200 km por hora; 3) un vehículo que habiendo sido "pequeño", aprendió a llegar a otros "planetas". Podría utilizarse este lema motivacional: "Todo árbol grande, fue pequeño alguna vez". Está buena una Ferrari, está buena la velocidad a la que puede andar, pero puede ser mucho mejor, aquel espíritu o "voluntad de poder" que adquiere los mejores puntajes en aceleración y en "aprender a aprender". Hay que elegir "socios" de "empleo" con estas características, y en el "propio" "sí mismo" autoemplearse con esos criterios y con ese talante "ético".

PERÍODO	CARTOGRAFÍA CURRICULAR DE LA "UNIVERSIDAD DEL FUTURO".
PRIMER AÑO	1) Introducción al Futuro. Historia y Futuro de la Evolución. Filosofía de la Técnica. 2) Sociedad de la Información. 3) Economía Digital. 4) Innovaciones I. Impresoras 3D, Drones, Exoesqueletos, Vehículos Autónomos, Robótica, Nanotecnología, Biotecnología, Biología Sintética, Carne Cultivada. 5) Creatividad I. Metodologías para la Invención. "Sombreros para Pensar. "Pensamiento Lateral", "PNI", "Zapatos para la Acción". (Edward de Bono). Filosofía, Ciencia y Arte. 6) Empleos del Futuro I. Entretenimiento. Turismo. Micro-emprendimientos. 7) Pasantía laboral. 8) "Minitesis".
SEGUNDO AÑO	1) Blockchain. Criptomonedas. Internet de las Cosas. Realidad Virtual. Realidad Aumentada. Big Data. Computación Cuántica. Oferta y Demanda por parte de

	Algoritmos Inteligentes. 2) Economía de la Larga Cola. Economía Laboral. 3) Innovaciones II. Realidad Aumentada. Realidad Virtual. 4) Filosofía para Ilimitarnos. 5) Creatividad II. Michael Mikalko. 6) Empleos del Futuro II. Uber para bicicletas autónomas. Airbnb para mascotas. 7) Pasantía laboral. 8) "Minitesis".
TERCER AÑO	1) Wikinomía. Innovaciones en diversas áreas sociales: música; diseño y multimedia; minería; gobierno inteligente. 2) Programación de "Machine Learning". Programación Orientada a Objetos, Eventos y Aspectos. 3) Innovaciones III. Medicina. Nutrición. Salud. Deportes. Neurociencias. 4) Creatividad III. Arte. Educación. 5) Psicología para Ilimitarnos. 6) Empleos del Futuro III. "Mil" Empleos a desarrollarse en los Vehículos Autónomos. 7) Pasantía laboral. 8) "Minitesis".
CUARTO AÑO	1) Derecho Laboral. Antropología. Sociología y Filosofía Política del Futuro. Gubernamentalidad Algorítmica. 2) Innovaciones IV. Derecho. Arquitectura. Ingeniería. Biología. 3) Ciencia de los Nuevos Materiales. 4) Creatividad IV. Cine. Análisis de: "Black Mirror", "Trascendence", "Anon", "Minority Report", "El Vengador del Futuro", "Enemigo Público", "Blade Runner", "Blade Runner 2049", "Limitless", "OtherLife", "Helix", "The Machine", "Spectral", "Viajeros", "12 Monos", "El Ministerio del Tiempo", "Merlí", "Electric Dreams", "Nightflyers", "Upgrade", "Defiance", "Osmosis", "One Strange Rock", "Transiciones". 5) Empleos del Futuro IV. Inversiones. Acciones. Mundo

	Bursátil y Financiero. Mercado de Capitales. Inteligencia Artificial aplicada a las Finanzas. 6) Ética. Dilemas Éticos y Tecnología. Humor e Innovaciones 7) Pasantía laboral. 8) Tesis.

Ampliando la perspectiva anterior, es dable de pensar que hay o puede haber enormes fuerzas "moleculares" deseosas de ser de aprender, proyectarse y encontrar "empleo".

En una "Era de Aprendizaje y de Aprender a Aprender", lo que sea "empleo" puede ser pensado de diversos modos. Podríamos plantear concepciones que alienten imágenes de "multiplicidad" de niveles de aprendizaje y que cada cual se pague el aprendizaje de niveles más avanzados, pagando con servicios en niveles menos avanzados.

Es útil recordar esta intelección: todo agente "social" en la Sociedad de la Información, es comprador y vendedor al mismo tiempo. Este modelo es el que se utiliza para el aprendizaje de idiomas, sea "Duolingo", por ejemplo.

Una de las maneras en que uno puede compensar la instrucción recibida es traduciendo. Los interesados pueden ser periódicos o agencias de noticias o blogs de cualquier tipo, y se cuida la idoneidad de las traducciones con mecanismos de auto-corrección que se apoyan en los criterios o traducciones más repetidas.

Como sea y más allá de que este emprendimiento funcione, involucra una gran idea: concebir el aprendizaje en función de multiplicidad de niveles, uno "compra", "consume" e "invierte" en ciertos niveles, pagando con trabajo ejecutado en niveles inferiores.

La idea de intercambio recíproco se utiliza desde hace tiempo en universidades de muchas partes del mundo: el estudiante puede pagar sus estudios trabajando al mismo tiempo en la biblioteca o devolviendo "el préstamo" (en dinero o en "especie") a futuro, cuando se vuelva "profesional".

Este concepto podría servir para transformar el concepto de "Universidad Gratuita", y volver todo más consistente. Así, el alumno de la universidad recibe instrucción en determinado nivel, sea por ejemplo en tercer año de la carrera, y presta servicios docentes a alumnos de primer año o de secundaria. El que haya este "costo", reduciría el gasto en alumnos que no tienen demasiado interés en estudiar, y ampliaría la oferta docente.

Hay que pensar más este tipo de acuerdos laborales en el tiempo, y en el que haya arbitraje de "niveles".

Adicionalmente, una idea que sugiere Jerry Kaplan en el libro "Humans Need Not Apply: A Guide to Wealth and Work in the Age of Artificial Intelligence" (páginas 13 y 14) es la de considerar el "WorkMortgage":

"Propondré un enfoque a este problema en la forma de un nuevo tipo de instrumento financiero, la "hipoteca de trabajo", asegurada exclusivamente por su mano de obra futura similar a la forma en que su hipoteca hipotecaria está garantizada exclusivamente por su propiedad. ¿Sin trabajo? Los pagos se suspenden por un período de gracia razonable, hasta que encuentre otro trabajo. En el sistema propuesto, los empleadores y las escuelas tendrán incentivos para colaborar de una manera nueva. Los empleadores emitirán cartas de intención no vinculantes para contratarlo si adquiere habilidades específicas, y obtendrán ciertas exenciones de impuestos sobre la nómina si finalmente cumplen. Estas cartas de intención servirán al mismo propósito para los prestamistas de hipotecas laborales, ya que una tasación sirve para un prestamista hipotecario. Las instituciones de capacitación tendrán que diseñar sus planes de estudios en torno a las habilidades específicas requeridas por los empleadores patrocinadores para cumplir con los requisitos de los préstamos, de lo contrario, los estudiantes no se inscribirán."

La "Universidad del Futuro" podrá combinar una sede "física" con sedes "virtuales" y las materias también podrán ser cursadas con diferentes combinaciones de presencia física y aprendizaje virtual. En esto último habría que mirar o consultar a "Coursera", "edX", "XuetangX", "Udacity", "Udemy", etc.

DESAFÍO	PROPUESTA
¿Hay que promover "la educación" para propiciar el "empleo"? ¿Podrían pensarse variantes para que los consumos o inversiones en capital cognitivo se puedan pagar con el empleo?	Más allá de que la "educación" (en parte) se puede lograr o mejorar mientras se está empleado, una "Universidad del Futuro" que proyecte relaciones con la generación de "empleo", propiciaría una "cartografía curricular" y un "entrenamiento" afines al objetivo propuesto. Sería una "educación" que incite la experimentación, la innovación, el aprender a aprender, la capacidad para potenciar todo incluyendo el sí mismo. Se puede concebir el aprendizaje en función de multiplicidad de niveles, uno "compra", "consume" e "invierte" en ciertos niveles, pagando con trabajo ejecutado en otros niveles. Las ideas nucleares son: 1°) cada cual es comprador y vendedor al mismo tiempo; 2°) hay arbitraje de niveles; 3°) el "empleo" sirve para pagar "consumos/inversiones" de otros niveles.

LLAVE 21
HACER AMIGABLE LA CUESTIÓN DE LA TECNOLOGÍA Y EL EMPLEO, MOTIVANDO EL INTERÉS POR APRENDER Y FUTURIZARSE.

¿Puerta abierta para nuevas poblaciones de ideas?
Derecho de autor de la imagen: Bruce Rolff; 123RF.

En el futuro el aprendizaje podría estar estimulado si se desplegara en entornos atractivos como los video-juegos tipo "Fortnite", "Apex Legends", "PlayerUnknown's Battlegrounds", "World of Warships", "League of Legends", "Fifa 2019", o el más tradicional como "Minecraft". Sería interesante proponer un "Premio" de 1 millón de dólares para el mejor Video-Juego educativo sobre "Batalla de Algoritmos en el 2025".

Propuestas Ejemplificativas:

1) Concurso Mundial con un "Premio" de 1 millón de dólares para el mejor Video-Juego educativo sobre "Batalla de Algoritmos en el 2025".

2) "Primer Concurso Nacional/Internacional para alumnos de primaria, secundaria y universidad, tema: Innovaciones Tecnológicas y Empleos del Futuro".

3) Competencias y Concursos para las diversas carreras: "Futuro del Derecho". "Futuro de la Medicina". "Impresoras 3D y Odontología". Generación de Nuevos Empleos con las Exportaciones del Futuro.

4) Propiciar que haya una materia en el currículo de cada carrera en la que se indague el futuro de esa especialidad. "Derecho, Economía y Blockchain". "Wiki-Derecho". "Derecho Long Tail".

5) Agregar una materia sobre "Futuro" en los Profesorados y en la "Carrera Docente".

6) Talleres sobre "Futuro" que fueran válidos para todas las carreras de grado, posgrado y doctorados.

7) Cursos de Extensión Universitaria relativos a la Técnica y el Empleo del Futuro.

8) Concursos sobre "Programación de Machine Learning". Concursos sobre "Programación Orientada a Aspectos".

9) Competencias (en todos los niveles) acerca de como volver "inteligente" cualquier bien o servicio.

10) Concurso de guiones para productos multimedia, con eje en las innovaciones tecnológicas.

11) Reorientar para que versen sobre "Innovaciones tecnológicas y empleos del futuro", partidas que ya están funcionando en la UBA para subsidios de capacitación en el exterior.

12) Concursos sobre "Tecnología y Generación de Empleo en el Siglo XXI" que consistieran en mejorar y potenciar los anteriores trabajos presentados.

DESAFÍO	PROPUESTA
¿Cómo promover el interés por el empleo del futuro?	Hacer amigable la cuestión de la tecnología y el empleo, motivando el interés por aprender y futurizarse. Impulsar cambios curriculares que incluyan el estudio del futuro como "materia". Promover concursos (N3), incentivar con premios. Reorientar subsidios y becas que ya están funcionando.

LLAVE 22
ALINEARSE A LA CONSISTENCIA

Senderos competitivos
Derecho de autor de la imagen: madpixblue; 123RF.

Hay que alinear la producción a lo competitivo. Tiene que tener sentido invertir. Para que la generación de empleo sea sostenible en el tiempo, tiene que estar relacionada con una producción competitiva.

Un sendero consistente para la generación de empleo es el aumento de la producción. Para que ello ocurra tiene que haber alicientes, sea la expectativa de ganancias, y que de tener éxito serán respetadas y no atacadas con impuestos. (N4, N5)

Es necesario bajar el "costo argentino", sea la "inseguridad jurídica" como la inseguridad física, tiene que bajar el costo de transporte y de logística, la panoplia de regulaciones, tiene que bajar enormemente la presión tributaria.

El derecho laboral tiene que ser reformulado para que sea motivante contratar empleo en la Argentina. Hay que eliminar la inflación. Se requiere una moneda sana que impida que la distorsión de los precios relativos y que no induzca un falseamiento del "cálculo económico".

Volverse eficientes importa varios aspectos y para nada tienen que ver con la devaluación de la moneda y con tipos de cambio más "competitivos". Una manera conducente de aumentar el empleo es incrementar las exportaciones. ¿Podría impulsarse la idea de "marca país" sea por ejemplo en alimentos? La industria de software es competitiva en la Argentina y sería interesante que haya incentivos para progresar en programación, Inteligencia Artificial, y Big Data.

La teoría de las "ventajas comparativas" impulsadas por Adam Smith y David Ricardo, es un gran logro de la economía. Un país puede ser mejor que otro en todo, y así tener "ventajas absolutas", sin embargo conviene que se "especialice" en aquello con lo que saca más ventaja.

Se lo puede tomar como lema inspiracional a efectos individuales o empresariales respecto del "empleo": "a pesar de que los demás me saquen ventaja en todo, como a ellos les conviene dedicarse a lo que tengan más "ventaja comparativa", siempre habrá chances de tener un empleo o emprendimiento productivo. El médico neurólogo quien sabe atienda mejor el teléfono que su secretaria, sin embargo conviene que él se especialice en las últimas tecnologías para operar y que la secretaria atienda el teléfono. Messi o Ronaldo pueden defender muy bien, sin embargo conviene que se concentren en hacer goles y no en marcar al 11 rival.

Hay que tender a incrementar la digitalización en el diseño, producción, comercialización y distribución de los productos. Que se propenda a mejorar la infraestructura de conectividad, que sean accesibles las mejores tecnologías y que se consigan los insumos necesarios para operar.

Todo esto significa tener un manejo sobrio del comercio exterior, minimizando las barreras para comerciar con el mundo, y para poder importar a precios internacionales los bienes de capital e insumos que se necesiten. La conectividad, la digitalización, el acceso, son los factores que contrarrestan los costos de la incertidumbre y de la movilidad física de los trabajadores. La promisoria tecnología de "Blockchain" puede servir para volver más eficiente y transparente el manejo administrativo del estado e impulsar de manera novedosa la actividad privada. Estaría bueno, que comenzara a perfilarse una "Cultura Blockchain".

Debe orientarse los esfuerzos para una mayor competitividad, mayor productividad y mayor producción. En función de eso, las empresas podrán aumentar su demanda de trabajo, y empezará a visibilizarse con más claridad cuáles sean las habilidades requeridas para los trabajadores. Capacitación, entrenamiento, educación, que podrán realizar parcialmente en las empresas y en las empresas o instituciones educativas que se especialicen en esos cometidos. ¿Nos animamos al crecimiento exponencial? ¿En qué casillero querríamos plantear el problema del "empleo"?

DESAFÍO	PROPUESTA
¿Qué criterio general debería asociarse a la generación de empleo? ¿Qué recomendaciones de "política económica" se podrían formular a efectos de la generación de empleo?	Un criterio general para que las propuestas de generación de empleo sean consistentes y sustentables en el tiempo es que estén alineadas con la competitividad. Tiene que tener sentido invertir y aumentar la producción. Es menester bajar el "costo argentino", eliminar y reducir impuestos, eliminar regulaciones, reformular el derecho laboral, terminar con la inflación.

LLAVE 23
"CONTRATOS DE SINERGIA DIGITAL".
ESTIMULAR LA "LLEGADA" DEL "INMIGRANTE DIGITAL".

Apretón de manos virtual.
Derecho de autor de la imagen: Ratchanida Thippayos; 123RF.

La generación de empleo en la Argentina" también tiene que mirar el "afuera". Así como Alberdi proponía atraer la "inmigración extranjera", hoy deberíamos intentar atraer la "inmigración digital". En un mundo interconectado en red, la sede territorial no es lo más relevante, pero la Argentina podría posicionarse mejor en la carrera. La idea es empoderar la "residencia física" o la "residencia virtual", para facilitar contratos laborales formales en trabajos intensivamente virtuales en cualquier lado.

Diseño y multimedia, programación, traducción, composición musical, administración contable, telemarketers, asistentes de servicio o atención al cliente para cualquier tipo de empresa o emprendimiento, escritores, periodistas, "freelancers" en general. La idea es habilitar una especie de "Contratos Laborales" para trabajar de forma "remota" o "virtual" en cualquier lugar del mundo. Podría pensarse para "residentes" en la Argentina, pero también, podría concebirse algún tipo de "residencia virtual" que legitimaría el poder realizar esos contratos y estar amparados por cobertura jurídica.

Hay que abrirse al mundo y hacer de la Argentina un sistema atractivo y motivante, hospitalario con el empleo y no una "Pesadilla Laboral". Debería indagarse la idea de una especie de "residencia virtual" con efectos laborales: residencia virtual laboral. ¿Idea loca? ¡Claro! Es lo que es menester pensar hoy y hay que anticiparse. El desafío es concebir ideas adicionales a la tradicional de que el contrato laboral tiene que estar relacionado con un substrato territorial en todos sus respectos. ¡La tierra se está "desterritorializando"!

La "migración" tiene que ver con desplazamientos sobre superficies físicas, el "nomadismo" –en el sentido deleuziano- con transformaciones "in situ". Es menester pensar pues, "contratos laborales nomadológicos". "Ius Soli", "Ius Sanguinis", …"Nomadic Ius".

La "carrera" ya ha empezado y hay un tema que se multiplicará exponencialmente en el futuro: la "doble imposición". Habrá encarnizadas luchas de voracidad fiscal entre los diferentes sistemas "soberanos" en competencia.

Se expandirán y entrecruzarán las ansias de exacción estatalistas de todo el mundo y en diferentes niveles (nacionales, provinciales, municipales, etc). Messi genera ingresos por imágenes en Japón… ¿tiene "derecho" el fisco español para sacarle gigantes tajadas a esa producción?

Los nuevos contratos laborales para los nuevos empleos es una cuestión a descubrir e inventar, no están dados. Lo que está dado son las formas contractuales para empleos tradicionales (N6). Los nuevos contratos laborales deben ser pensados como el plano jurídico que intersecta actividades intensivamente "incorporales".

Hay que anticiparse. Si no se hace, seguramente otros lo harán y ofrecerán contratos laborales atractivos que tomarán los argentinos. Igualmente, de hecho ya hay mucho trabajo de argentinos que opera informalmente a través de la autopista de la información. Un arquitecto o estudiante de arquitectura argentino hace los planos requeridos para un Estudio de Arquitectura en Nueva York… efectúa una "exportación" que no entra en el sistema de cuentas nacionales (N7).

El "empleo" tiene que ser considerado en múltiples dimensiones y además en función de distintos grados de "formalidad" e "informalidad". Quien sabe ya sea oportuno empezar a considerar que el "empleo" en Redópolis no es "informal" sino que tiene sus formalidades específicas y singulares. Cuando se habla de "informalidad", básicamente se quiere denigrar las formas laborales que no cumplen con las formas que aparatos estatalistas quieren imponer.

Todo individuo que domina determinada disciplina cuyos productos puedan transmitirse digitalmente al menos en parte, hace que su mercado laboral relevante deba ser considerado en función de esa capacidad y no meramente por el lugar de residencia físico.

Habría que pensar variantes atractivas y de bajo costo para las partes contratantes, así los "Contratos de Sinergia Digital" se darían entre titulares de derechos y obligaciones que tendrían el status de "agentes digitales", "emprendedores digitales", "capitalistas de conocimiento", "consumidores digitales", y ya no de "empleados" o "empleadores".

La propuesta concierne a facilitar el empleo de argentinos, no sólo en la Argentina sino en el mundo como "Redópolis". Idear como ofrecer cobertura jurídica para el empleo argentino en las autopistas de información "mundiales". Seguir pensando en esquilmar a los residentes físicos de un país abusando de ese factor, no es un criterio lúcido ni lucido hacia el futuro.

Hay que llevar a Alberdi a un Alberdi 2.0 que despliegue el Sistema Económico y Rentístico de la Confederación Argentina para un mundo intensivamente incorporal.

Seguramente un Alberdi 2.0 alentaría la inmigración virtual y los "contratos de sinergia digital". Pensaría un sistema pleno de alicientes para fomentar la producción de recursos, el consumo e inversión de bienes, y la generación de empleo en la Argentina 2.0. Hay que poblar de flujos "humanos" y "no humanos" inteligentes, las autopistas de la información "argentinas".

Las políticas económicas laborales que piensan demasiado anclados en la sede territorial están impertinentemente condicionados y proclives a tomar decisiones redistributivas enojosas y con pocas posibilidades de una implementación consistente a lo largo del tiempo.

Una manera de incrementar "extensivamente" el pensamiento sobre el "empleo" es considerar horizontes temporales más largos. Facebook propone para EEUU que los usuarios designen un heredero para la administración de los "bienes digitales" después de la desaparición "física". "DeadSocial" es una aplicación que prevé opciones y publicaciones en Facebook, o tuits o mensajes en Linkedin para ser publicados después de la muerte. Una vía es considerar la cuestión del "empleo" en relación a la desaparición física de las personas físicas o jurídicas.

La propuesta consiste en promover mediante incentivos fiscales, asignaciones económicas favorables al empleo después de la desaparición de la persona física o jurídica, en vez de las cruentas exacciones fiscales y las mala-asignaciones concomitantes que instigan.

DESAFÍO	PROPUESTA
¿Qué maneras novedosas podrían concebirse para impulsar la generación de "empleo"?	"Contratos de Sinergia Digital". Estimular la "llegada" del "Inmigrante Digital".

LLAVE 24
REDÓPOLIS

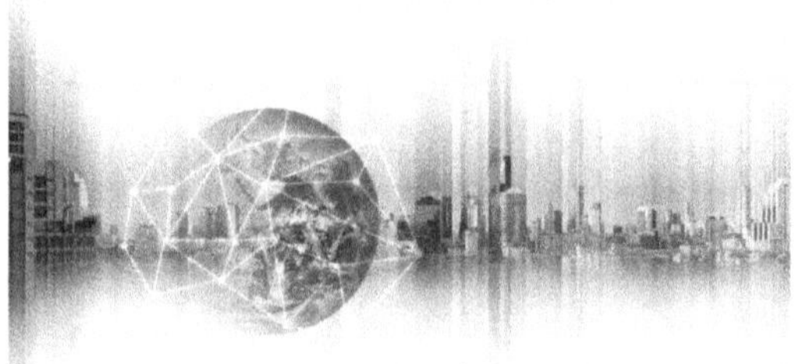

Concomitancia de "soberanías".
Derecho de autor de la imagen: Sasin Paraksa; 123RF.

El sistema de precios es el maquinismo que sustenta la increíble complejidad en la generación, variación y coordinación continua de los emprendimientos y novedades productivas.

Hay una ligazón crítica entre el sistema de precios y la producción. Es menester tener en cuenta que el sistema de precios no es sólo un facilitador del "cálculo económico" sino que funciona como un ingente propulsor de "normatividades".

El "pensar" económicamente y el poder celebrar los intercambios pertinentes hacen "Derecho" a su paso. El pensar qué pueda ser "recurso" y su "empleo", dependen significativamente de la libertad de precios y de la libertad de comercio.

¿Por qué dar por descontado que los procesos de automatización, la robótica, los maquinismos algorítmicos, Big Data, Deep Learning, etc, juegan en contra y se les adjudica más riesgo que la depredación estatal u otras formas "humanas" de depredación sea las mafias por ejemplo?

Puestos a elegir, ¿habría que confiar más en los gobiernos tradicionales que en Google, Amazon, Facebook, Uber, Youtube? ¿Habría que confiar más en los políticos tradicionales que en algoritmos inteligentes?

Una nota de Infobae desarrolla: "Uno de cada cuatro europeos preferiría que algunas decisiones políticas estuvieran en manos de un sistema de inteligencia artificial. Más específicamente, aquellas que resulten importantes para la administración y gestión de su país. El dato surge de un informe publicado por el Centro para la Gobernanza del Cambio de la Universidad IE. En algunos países el número es aún mayor: en Holanda, el 43% de los ciudadanos se inclinaría por esta opción; en tanto que en Alemania y el Reino Unido, el porcentaje es del 31%. ¿Podrían los cerebros digitales convertirse en los futuros dirigentes políticos? Cabe recordar que en abril de 2018, un robot llamado Michihito Matsuda se presentó como candidato para las elecciones de alcalde en Tama, un distrito de Tokio, en Japón. Su promesa durante la campaña fue ser un robot justo e imparcial. No ganó pero quedó en tercer lugar." (N8)

Quien sabe habría que defender los procesos de aprendizaje, experimentación y transformación, y no tanto a "identidades" antropomórficas estratificadas. Habría que pensar como defender la potencia virtual de los sistemas y no meramente a los sujetos y objetos actualizados en dichos sistemas.

Hay que defender "lo fuerte" de "lo débil", es decir es menester pensar qué sea "lo fuerte" y qué "lo débil". Desde luego que la cuestión es pensar con la máxima amplitud posible y bregar por concebir las más extremas disyunciones inclusivas, pero eso no debe implicar un regodeo de "alma bella" que nos paralice y deje por ejemplo, que un grupo de células cancerosas destruya todo a su paso.

Los problemas del desempleo son o pueden ser ciertamente una calamidad. La cuestión es que proclamar esas verdades no se sigue que las políticas económicas sean consistentes a resolver o mejorar el problema. Si las medidas de política coadyuvan a que los empleados sean menos productivos y que sea menos atractivo el contratarlos, la calamidad del desempleo puede estar siendo fogoneada por esas políticas que declaman protegerlo.

¿Por qué no estar a favor de abrir las posibilidades de producción, incentivarla, abrir el mercado de trabajo y dejarlo fluir? La idea es promover que compitan los que demandan empleados y que se vean instigados a subir las retribuciones y mejorar las condiciones laborales. Cuanto más fácil la salida, más fácil la entrada. Cuanto más difícil la salida, más difícil la entrada.

Que se promueva la competencia y los procesos de mercado, no implica que no se esté de acuerdo en lo dramático del desempleo y que sean argumentos propiciados por seres desalmados. La cuestión es que las argumentaciones almibaradas de "alma bella" (solo "voluntarismo") no transmiten necesariamente eficacia ni eficiencia a las políticas económicas.

Es necesario recalcar que suele ser demasiado caro lo que hacen los políticos. Los más hábiles, discurren sobre las calamidades del mundo pero sus políticas tornan más severos los problemas que declaman enfrentar. Ser convincente en la descripción de lo dramático del desempleo y después encarar políticas que multiplican los problemas, debería ser cuestionado de distinta manera.

El enfoque de los "Derechos" suele desplegarse a favor de ingresos dignos, éticos, exigir "lo que corresponde", y demás, pero no suelen preocuparse por los derechos que conculcan a quienes se obliga a solventarlos. Aún así, no necesariamente se logran los resultados deseados. La presión tributaria puede llegar al 70% y la culpa claro está, es de la economía de mercado…

El progresismo intervencionista debería tener una mirada más equilibrada, si la presión tributaria llega al 70%, ¿no será que dicho estatalismo no consigue lo que proclama? No sería de extrañar que la tributación alcanzar al 100% y se le siguiera acusando a la "economía de mercado".

El progresismo posiciona parte de sus argumentaciones en la distribución del ingreso. Pasa que la "distribución" y la "producción" están relacionadas. Si la "distribución" se acomoda a un direccionamiento político, entonces a la "producción" se le quita incentivos y se reduce. No existe que se pueda intervenir en la "distribución" sin que afecte la "producción".

Como sea, el "intervencionismo" genera desempleo o erosiona las posibilidades de un empleo competitivo, y a su vez el desempleo subsiguiente funciona como salvoconducto para justificar más y más estado.

La "productividad" de la forma de organización estatal para fomentar el desempleo, la inoperancia e impericia para generar condiciones abiertas a la creatividad y a la producción, son un estímulo insoslayable que invitan a nuevas maneras de organización.

Dados esos alicientes, es razonable pensar que surjan maneras alternativas que compitan con la forma tradicional "estado", y también luce probable que funcionen de manera concomitante. La forma tradicional de "soberanía estatal" con substrato en la dimensión territorial física y tangible, y nuevas formas de "Redópolis" para la vitalidades que se expresan incorporalmente a través de las redes y dc todo "lo virtual".

Fabricarse un "Cuerpo sin Órganos" podría pasar también por problematizar la democracia representativa y pensar agenciamientos que atiendan mejor las singularidades y los devenires y no se queden simplemente en el cultivo del modelo o patrón supuestamente mayoritario.

Uno de los caminos operativos que pueden darse, es la emergencia de monedas virtuales que puedan escapar de la persecución fiscal. Monedas que sirvan para arbitrar compensaciones, pagos o trueques de bienes incorporales (clases, libros, artículos periodísticos, temas musicales, fotos, clips, películas…).

¿Se podrá pagar con estas monedas virtuales las suscripciones a Netflix, los libros Kindle de Amazon, la música de Spotify, los servicios de YouTube, las noticias periodísticas de los diarios?

¿Será Google el emisor? ¿Será una amalgama de empresas? ¿Será un emprendimiento "Wikinómico"?

Lo cierto es que ya hoy, las personas viven una parte significativa de su existencia en las redes y en el Mundo Incorporal, y puede que resulten muy caras las "expensas" que están cobrando (o quieren cobrar) los gobernantes tradicionales.

Gustavo Lazzari escribió el 22 de enero 2019 en Facebook: "nosotros queremos una moneda. Ellos quieren una base imponible." Un buen "grito de guerra" o "lema ético" podría ser entonces: "¡evita a quienes deseen bases imponibles!" El segundo lema ético sería: "¡juntate con quienes quieran eliminar bases imponibles!"

Con el "Dólar Google" (o "Dólar Amazon" o "Dólar Uber" o "Facebook Coin" …) se consolidará el camino hacia las nuevas "Ciudades Estado Virtuales" o "Redópolis".

Hay que ir pensando la denominación. Se podría volver a la nominación de "Tálero" o utilizar términos como "Coin", "Unit", "Credit", "Points", "Bit", "Peso", "Dólar G", "Dólar U"... Seguramente las monedas de Redópolis serán criptomonedas basadas en la tecnología "Blockchain".

DESAFÍO	PROPUESTA
¿Cómo propiciar empleo siendo que los procesos recesivos asolan muchos de los sistemas económicos y la automatización reemplaza los empleos humanos?	Los procesos recesivos se explican en buena parte por las políticas económicas con desmesurado gasto público, intervención estatal, presión impositiva y regulación estatal. Hay que concebir nuevos agenciamientos políticos que minimicen la ineficiencia y mala praxis estatalista, poniendo un tope a la gigantesca máquina de "anti-producción". Nuevas monedas virtuales y el despliegue de una "Economía de Puntos" pueden servir para mitigar los efectos nocivos del burocratismo estatalista.

LLAVE 25
CONTRASENTIDOS, INCONGRUENCIAS Y PRESUPOSICIONES DOGMÁTICAS AL PENSAR EL EMPLEO.

Agenciamiento detector de inconsistencias.

Derecho de autor de la imagen : Andrey Kiselev; 123RF.

Habiendo propuesto y desplegado toda una serie de argumentaciones y disquisiciones en relación al "empleo", quisiera apuntar una lista de "contrasentidos" con los que se trata el tema. Los algoritmos del futuro escribirán "mil" pero por ahora comienzo con los siguientes.

 Equívocos o contrasentidos en relación al "empleo":

- Suponer que hay decisiones de "empleo" que no tienen costo.

- Suponer que decisiones de "empleo" con corazón de "alma bella" o "voluntarismo" consiguen los resultados buscados.

- Suponer que existe "una" "Realidad" y no infinitas capas de realidad con infinitas variantes de "empleo".

- Suponer que existe "una" "Realidad" y no "ilimitadas realidades" con ilimitadas variantes de "empleo".

- Suponer que existe "una" "Realidad" "dada" y no una "realidad" que se está haciendo.

- Suponer que las políticas de "empleo" deban considerar solo "la "realidad" en sus aspectos "actuales".

- Suponer que el problema del "Pleno Empleo" incumbe efectuar asignaciones de recursos entre alternativas "actuales".

- Suponer que hay políticas de "empleo" mágicas que no excluyen nada.

- Suponer como "a priori" que es menester defender "lo débil" sobre "lo fuerte".

- Suponer que se debe encarar el problema del "empleo" de manera "humana" y "solidaria" soslayando que el problema es significativamente un "problema" de "información".

- Suponer que el "empleo" implica problemáticas "estáticas" que no se transforman de manera concomitante a como se transforma el pensamiento, "el mundo", lo que sean "bienes", lo que sea "humano".

- Suponer que el "empleo" es algo cambiante pero que está referido a presuposiciones metafísicas ("mundo", "sujetos", "objetos", "relaciones", "pensamiento", etc) que se mantienen esencialmente substantivas.

DESAFÍO	PROPUESTA
¿Es posible generar nuevas maneras de	Es menester esquivar todas las presuposiciones dogmáticas que condicionan el pensamiento sobre el empleo y superar

pensar "el empleo"?	todas las variantes de "Ilusión de Trascendencia por forzamiento a la Unidad".

LLAVE 26

PRINCIPIOS PARA PENSAR EL EMPLEO

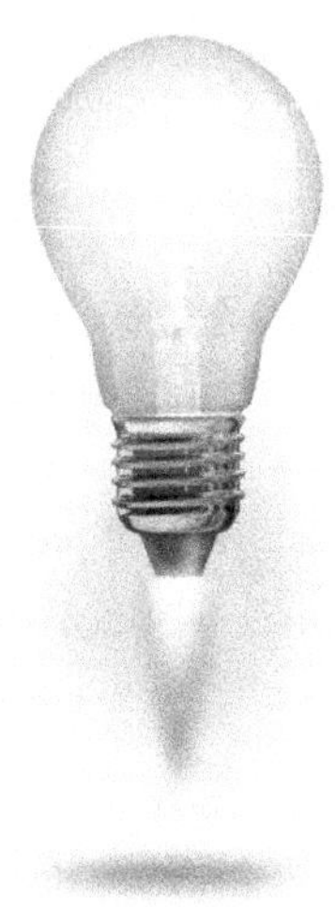

Propulsión de Ideas

Derecho de autor de la imagen: lightwise; 123RF.

PRINCIPIO 1: pensar el empleo desde la perspectiva de los "Bienes Superiores".

PRINCIPIO 2: dejar de pensar el empleo con anclajes que presumen privilegios indiscutibles o no problematizables.

PRINCIPIO 3: pensar el empleo como problema de "Eterno Retorno".

PRINCIPIO 3: pensar el empleo como un asunto de "aprender a querer".

PRINCIPIO 5: pensar el empleo desde la perspectiva de "lo infinito" y "lo ilimitado".

PRINCIPIO 6: pensar el empleo como asunto de "multiplicidades" de "n" dimensiones.

PRINCIPIO 7: ayudar a efectuar un listado de 1 millón de cosas por hacer.

PRINCIPIO 8: eludir pensar el empleo desde el "resentimiento".

PRINCIPIO 9: esquivar pensar el empleo desde el "cansancio".

PRINCIPIO 10: captar qué "fardos" innecesarios se carga (fase del "asno" en Nietzsche) en el empleo actual de los recursos.

PRINCIPIO 11: empezar a mirar con ojos de león (segunda fase en la "Transformación del Espíritu" de Nietzsche) la desaparición de ciertos empleos. Aprender a querer que desaparezcan.

PRINCIPIO 12: concebir sin condicionamientos cuáles serían los mejores empleos del futuro. (Fase del "niño" en Nietzsche).

PRINCIPIO 13: chequear si querer el "Fin del Trabajo" es un síntoma de cansancio o bien una manera de explorar modos de relación más potentes, consistentes, convincentes, fecundos.

PRINCIPIO 14: pensar menos en "lo corporal" y "lo presente", y pensar más en "lo incorporal".

PRINCIPIO 15: pensar más en "lo incorporal" que pueda conectarse a diversos "espacios-tiempos".

DESAFÍO	PROPUESTA
¿Qué nuevos principios se podrían tener en cuenta para pensar el empleo?	Los "principios" podrían ser valorados no tanto como "origen" sino para tener consecuencias (Ortega y Gasset). Los principios deberían tener consecuencias en los algoritmos inteligentes y renovar el

	pensamiento humano sobre el "empleo". Los criterios elementales deberían perseguir la "potencia" de pensamiento, la potencia afectiva y vital, y eludir la bajeza y el resentimiento.

LLAVE 27
PERSPECTIVAS FUTURAS

Más allá de lo costoso de la adaptación, adviene una edad de oro para un sinfín de disciplinas y actividades. Un ejemplo en términos "extensivos" sería pensar en un pastel que se multiplica por 100.000. Es sólo un ejemplo para propiciar una imagen, pues desde luego, no hay que pensar solo "lo extensivo" sino "la intensidad", y además no se trata de "*un*" "pastel" sino un "Todo Abierto".

Se está produciendo una significativa "desterritorialización" de la "Tierra", una generalizada desterritorialización de los "cuerpos", los modos de subjetivación, los modos de comunicación y lenguaje, una ampliación gigante de las "preferencias subjetivas individuales" hacia nuevas preferencias "super-individuales".

Estamos yendo hacia una "Economía PostHumana"…bueno, quien sabe eso de "humano" fue una declamación dogmática, demagógica y populista… Supongo que es más sobrio pensar que en el próximo futuro las relaciones no serán tanto entre "humanos" como entre "flujos inteligentes", "flujos espirituales", "flujos de afectos". Hay que pensar más en términos de perspectiva "marginalista", pues las tradicionales "unidades" son demasiado "molares", torpes, impertinentes.

Para andar bien, hay que tratar de posicionar de la mejor manera posible los "flujos" de las diferentes multiplicidades. Pensarse "uno mismo" como una multiplicidad de "flujos"…y tratar de abrirse paso con esas nuevos criterios de relevancia.

Además, el "empleo" no será una cuestión reductivamente "personal" y "antropomórfica. La participación en la oferta y demanda de empleo, se expandirá a las "cosas" que, progresivamente mejorarán en autonomía, inteligencia y tenderán a conectarse con "todo". Las nuevas tecnologías/agencimientos como Uber, AirBnB, y toda una panoplia de nuevas apps, chips, sensores conectados, etc, propiciarán empleo para "nuestros" activos. ¿AirBnB para autos? ¿AirBnB para mascotas? (N9, N10)

Todas las nuevas tecnologías, como por ejemplo la "Realidad Aumentada" darán la oportunidad para "Publicidad Ubicua"…

Se licenciará las imágenes de celebridades (artistas, deportistas, youtubers, …) para ser utilizadas en videojuegos, películas, industria porno y erótica (videos, películas, juguetes antropomórficos o robots sexuales), para poner la "rostridad" de locutor al robot presentador de noticias, etc.

Mucha de la actividad de los operadores del derecho será automatizada, pero surgirán un montón de problemas y áreas de trabajo nuevas: todos los conflictos entre las nuevas inteligencias autónomas en Internet de las Cosas, las nuevas normativas necesarias para coordinar el funcionamiento de los vehículos autónomos, los vuelos de los drones, los servicios de delivery; el hackeo de los programas empotrados en todo tipo de "bienes"; el ciberterrorismo; los nuevos accidentes del trabajo por el uso de exoesqueletos, los nuevos delitos por sujetos portando exoesqueletos o los abusos de autoridad de fuerzas de seguridad con exoesqueletos, también los nuevos accidentes de relaciones sexuales con uso de exoesqueletos; "Sophia" es la primera robotina en adquirir la "ciudadanía legal" en Arabia Saudita en 2017, ¿cómo pensar y delimitar los derechos de los robots?, ¿Sophia tiene más derechos que otras mujeres? (N11); en cuanto a los sex bots, ¿será necesaria su regulación? (Francis X. Shen expone una alerta respecto de los robots sexuales con forma de niño, N12); el encuadramiento normativo de las criptomonedas, el uso de Blockchain, la celebración de contratos inteligentes; todos los conflictos de normas entre los diversos sistemas jurídicos ("derecho internacional privado", "derecho internacional público", "derecho tributario" en cuando a serios problemas de "doble o múltiple tributación", etc); los problemas de "Derecho Constitucional" y los temas de "soberanía" ante el advenimiento de las Nuevas Ciudades Estado Virtuales, las nuevas circunstancias del "Derecho de Resistencia a la Opresión" en las nuevas rebeliones políticas que se acercan en Redópolis.

El nivel de tensiones, incompatibilidades e incomposibilidades que se viene es mayúsculo y se requerirán de planteos y soluciones creativas. Más que el "Fin del Derecho" se viene una "Edad de Oro" del Derecho, y así, con innumerables otras prácticas.

Hay un inmenso campo de cuestiones éticas y de todo tipo respecto de cómo programar los algoritmos de los vehículos autónomos hasta los algoritmos de los bots que cuiden gente adulta o niños.

Hay millones de cosas para hacer. Hay que desear la extinción de empleos obsoletos y desear que se abran paso los nuevos. Que usted viva 50 años más depende de eso.

DESAFÍO	PROPUESTA
¿Se puede pensar de manera optimista el futuro?	Más allá de las peripecias de la transición, hay mucha más potencia en los sistemas o puede haberlas, y se inicia una "Edad de Oro" para una cantidad enorme de disciplinas y emprendimientos vitales.

EPÍLOGO

Esto es un mapeo de ideas filosóficas, económico-políticas e inspiracionales para aportar puntos de vista sobre la temática del "empleo". No garantiza conseguir empleo ni resolver el problema del desempleo tal como se lo pueden representar muchos, pero intenta contribuir con ideas para potenciar las miradas sobre el problema y en todo caso, disipar imágenes inconsistentes, impertinentes, limitadas o deficitarias en la consideración del "empleo".

Estimo que muchas imágenes y concepciones que se tienen sobre "el problema" del "empleo" y el "desempleo" agravan las situaciones y procesos que se procuran resolver. No ofrezco una varita mágica para acabar con el "desempleo" pero sí quiero transmitir ideas y argumentaciones que mejoren el debate en cuestión y que de manera complementaria a todo lo demás que se tenga en cuenta, sirva para potenciar la manera de pensar el "empleo".

Apuntado el descargo, creo que lo vertido aquí puede mejorar las estrategias para conseguir empleos atractivos y mejorar los ingresos, máxime si hacemos que las "llaves" o "ideas" funcionen en una especie de "máquina libro" que nos insufle energía para concebir, proyectar, impulsar, mejorar, transformar, potenciar, "maquinar".

En una de esas, cumplir esas propuestas pueda ser más fácil con la ayuda didáctica de un "personaje conceptual". Pienso que la idea de "astronauta" en tanto "personaje conceptual" puede ser un facilitador. Nos puede servir desde el lado del "traje de astronauta", como modo de minimizar el anclaje identitario en el organismo físico, y poder pensarnos más allá de las limitaciones físicas actuales. En "Altered Carbon" se los llama "fundas", y las personas pueden seguir viviendo más allá de los "organismos" o "fundas" de origen.

También nos puede servir desde el lado del "astronauta" como navegante de nuevos espacios-tiempos. De hecho todo el entrenamiento social basado en la "Economía Incorporal" que se está produciendo, serviría muy bien para visitar y quedarse en otros planetas o nuevas dimensiones ambientes. Más allá de esto, el "astronauta" puede ser una linda imagen para un "Navegante Nómade" que se transforma a sí mismo, "in situ".

El "Navegante Nómade" que se transforma "in situ" es convergente con otro "personaje conceptual" complementario: la "Sonda Exploradora" que se envía por ejemplo a los cerebros, se constituye ahí mismo, explora y opera. En vez de dar por constituida nuestra presunta individuación, tenemos que concebirnos como "Sondas" que nos constituimos en los "planetas" o "dimensiones" a explorar. Y esto vale para todo, inclusive para dios: "dios está haciéndose" es el lema a seguir.

LLAVE 29
GYM

POTENCIACIÓN "NÓMADE" "IN SITU"
Derecho de autor de la imagen: Alexander Kharchenko; 123RF.

GYM. EJERCICIOS.

Ejercicio 1; 20 créditos.

El 8 de febrero de 2019, el diario argentino "La Nación" publica: "Un algoritmo completa la misteriosa "Sinfonía inconclusa" de Schubert". Aplique la estructura "PNI" de Edward de Bono, pensando cosas "positivas", "negativas" e "interesantes" respecto de la cuestión.

Ejercicio 2; 10 créditos.

¿Qué comentaría respecto de las siguientes alternativas?

Alternativa A: una casa construida por medio de 50 humanos en 1 año, a un precio de 50.000 dólares.

Alternativa B: una casa impresa en 3D, instalada por 5 humanos en 1 mes, a un precio de 5.000 dólares.

¿Se dejaría operar por un robot?

Alternativa A: una cirugía compleja, con una duración de 5 horas, a un precio de 10.000 dólares.

Alternativa B: la misma cirugía, pero menos intrusiva y con menor riesgo, ejecutada por un sistema robótico, a un precio de 1.000 dólares.

¿Cómo ponderaría estas situaciones?

Alternativa A: reclamo administrativo intermediado por 4 personas, con una duración de 2 semanas.

Alternativa B: reclamo administrativo receptado y resuelto por un algoritmo inteligente en menos de 1 segundo. (Así procede Uber).

Ejercicio 3; 100 créditos.

Evalúe estas afirmaciones.

"Hay 300 millones de ideas que no se aplican en la Argentina (o en su país) por razón del esquema de juego reinante. Todo eso, está aplastado por una normatividad que le quita sentido a producir, descubrir, inventar, e invertir. En un esquema propicio a lo competitivo, en Argentina emergerían muy rápidamente, 3 mil millones de ideas potencialmente brillantes."

Ejercicio 4; 20 créditos.

Efectúe una lista de las 10 APP (aplicaciones) más atractivas de los últimos años, empezando por:

1. La aplicación que traduce a mi idioma la foto con información de una "promo" en un restaurant extranjero.
2. …

Ejercicio 5; 500 créditos.

Imagine APPs singulares o excepcionales. ¿Qué nuevas APPs podría proponer? ¿Cómo sería la aplicación "Uber" del "Empleo"?

Ejercicio 6; 100 créditos.

Vuelva "inteligente" cualquier cosa. Por ejemplo conciba y describa las funciones de:
- La mesa inteligente.
- La pared inteligente.
- El suelo inteligente.
- El pizarrón inteligente.
- La pelota inteligente.

- El libro inteligente.

Ejercicio 7; 100 créditos.

Efectúe una lista de todos los nuevos empleos que provocará la impresión 3D.

Ejercicio 8; 250 créditos.

Considere 100 empleos que surgirán como consecuencia del uso de vehículos autónomos. ¿Encaja usted en alguno de ellos?

Ejercicio 9; 250 créditos.

Considere los efectos de eficiencia de los asistentes virtuales. ¿Cómo afectarán al "yo"?

Ejercicio 10; 250 créditos.

Efectúe una lista 10 ejemplos que muestren el mejor empleo de recursos merced a la "realidad aumentada" en su profesión actual.

Ejercicio 11; 100 créditos.

"Problema de pensar sin evaluar costos". Analice, considere y comente.

"Pensar el "empleo" y tomar decisiones de "empleo" implican considerar cuáles sean los "costos" o las alternativas que se eliminan o "asesinan". Garantizar determinado "empleo" o garantizar un "salario mínimo" puede suponer que otras personas queden "desempleadas" por no poder entrar en el mercado bajo esas condiciones; los que sufragan con impuestos esas "garantías" tienen que olvidarse de otros emprendimientos o asignaciones de bienes."

Ejercicio 12; 100 créditos.

Problema de la multiplicación de la "pobreza". Analice, considere y comente.

"Determinadas políticas a favor de los "pobres" pueden estar generando más "pobres" en el futuro. Es útil considerar si los "pobres" actuales no son consecuencias de "caritativas" políticas de empleo anteriores."

Ejercicio 13; 100 créditos.

Problema del "Subempleo". Analice, considere y comente.

"Pensar el tema del "Pleno Empleo" sesgado hacia la dimensión "actual" de la realidad desprecia "la realidad" en sus dimensiones virtuales y no capta que "siempre" habrá "Subempleo" teniendo en cuenta esa perspectiva más amplia."

Ejercicio 14; 100 créditos.

Problema de "lo fuerte" y "lo débil". Analice, considere y comente.

"¡Es menester defender "lo fuerte" sobre "lo débil"! ¡Si en un organismo hay células cancerosas, hay que defender a las que no lo son! ¡Si una organización promueve métodos que alargan la vida saludable en 500 años, hay que alentarla y no recargarla con mayores impuestos! ¡Si un dictador arrogándose ilegítimamente como autoridad cierra las fronteras para que no entren medicinas y alimentos, eso no es "lo fuerte" sino "lo débil" y no hay que bendecirlo! ¡Si determinado sistema económico tiene una moneda "fuerte", no busque debilitarla, depreciarla, devaluarla! Hay que defender "lo fuerte" sobre "lo débil", y es menester captar qué sea uno y otro en las diferentes vicisitudes."

Ejercicio 15; 100 créditos.

Problema de inversión de perspectivas. Analice, considere, insulte y comente.

"Habría que invertir la perspectiva en el trato teórico del problema del "desempleo". Es conveniente pensar primero todas las cosas que estaría bueno que se realizasen y eso podría bajar la angustia que fuere "gratuita" por el desempleo. Hay que pensarse como un árbol que quiere vivir 5000 años y luego más, o "mejor"."

Ejercicio 16; 100 créditos.

Juegue con las 3 transformaciones del espíritu señaladas por Nietzsche.

1. ¿Qué "fardos" está cargando en relación al empleo de sus recursos actuales?
2. ¿Qué formas de emplear actualmente sus recursos vitales quisiera eliminar?
3. ¿Qué cosas querría hacer en el futuro?

Ejercicio 17; 100 créditos.

Problema del impuesto a los robots. Analice como abogado de los robots, y luego como abogado de los "humanos".

"Hay que aflojar con la idea de aumentar la carga impositiva a la robotización. Hay que hacer lo contrario. Tiene que ajustar la política y tiene que hacerse más atractivo contratar "humanos". Esto significa bajar las cargas laborales, bajar la supuesta protección laboral en el ámbito legislativo y judicial. Hacer más hospitalario a los demás humanos el tratar con otros humanos."

Ejercicio 18; 100 créditos.

Problema de inadecuación de perspectiva. Analice, considere, y comente.
"El problema más relevante no es conseguir más "empleo" para los sujetos dados sino escapar de los estratos que nos subjetivan."

Ejercicio 19; 100 créditos.

Problema de invisibilidades. Analice, considere, insulte y comente.
"Google, Amazon, YouTube, Facebook, Instagram, Microsoft, E-Bay, MercadoLibre…hacen mucho más por la eficiencia del empleo de recursos que todas las burocracias estatales juntas."

Ejercicio 20; 100 créditos.

Problema de contrastación. Analice, considere, insulte y comente.
"Amazon es un gran creador de empleos. Hay evidencia empírica de su demanda de miles de nuevos empleos, pero claro, también hay evidencia de todos los empleos que se cierran como consecuencia de la expansión de Amazon. Las argumentaciones son razonables, pero habría que incluir todos los empleos "visibles" e "invisibles" que propicia Amazon en todo el planeta merced a su eficiencia."

Ejercicio 21; 100 créditos.

Problema de imputación. Analice, considere, insulte y comente.

"En muchos sistemas las personas tienen que trabajar bajo la servidumbre del estado por más de la mitad del año, siendo las cargas impositivas y laborales tan monstruosas que erosionan significativamente las ganas de invertir. Después se rasgan las vestiduras por el desempleo y le atribuyen la responsabilidad a la "economía de mercado" y a la automatización.".

Ejercicio 22; 100 créditos.

Problema de propagación de inadecuación. Analice, considere y comente.

"Encarar lo infinito e ilimitado con las armas de la "economía" del "Estado de Bienestar" es una respuesta muy precaria y deficitaria."

Ejercicio 23; 100 créditos.

Problema de "costo argentino". Analice, considere y comente.

"Una propuesta básica y elemental para generar empleo en la Argentina, pasa por bajar las cargas a la relación laboral, bajar la desmesurada presión impositiva, eliminar la "inflación" y minimizar el "costo argentino"."

Ejercicio 24; 100 créditos.

Problema de diagnósticos y soluciones.

¿En qué sentidos el estatalismo es un artífice del desempleo?

GYM. SUGERENCIAS DE NUEVAS EXPLORACIONES

Sugerencia de Nueva Exploración 1; 500 créditos.

¿Cómo pensaría el empleo desde la perspectiva de 100 años? Inspírese en Nietzsche que buscaba comunicarse a través de los siglos. Si lo desea puede tomar solamente la obra "Voluntad de Poder" y desarrollar qué hubiera escrito Nietzsche en relación al empleo.

Sugerencia de Nueva Exploración 2; 500 créditos.

Pinos

Derecho de autor de la imagen: yik2007; 123RF.

¿Se puede pensar el problema del "empleo" en relación a los "Pinus longaeva"? Escriba un ensayo sobre los posibles criterios de "empleo" que deben haber estado utilizando estos pinos longevos para casi ya llegar a los 5000 años. ¿Qué otros criterios deben estar urdiendo para el futuro?

Sugerencia de Nueva Exploración 3; 500 créditos.

¿Cómo hace la "biología" para tomar "decisiones" de empleo?

Sugerencia de Nueva Exploración 4; 500 créditos.

Estudie y desarrolle la conexión entre una moneda "sana" y el "empleo". ¿Cómo ayuda a sostener y generar más empleo? ¿Cómo la inflación monetaria atenta contra el empleo?

Sugerencia de Nueva Exploración 5; 500 créditos.

La moneda "Argentino de Oro" (1881-1889) tiene un peso de 8,0645 gramos, y una pureza de 0,900. ¿El "Argentino de Oro" podría contribuir a la estabilidad económica de la Argentina y favorecer la generación del empleo?

Sugerencia de Nueva Exploración 6; 500 créditos

¿Cómo se podría vincular la cuestión del empleo y las criptomonedas? ¿Considera atractivo que la moneda no dependa de ningún Banco Central? ¿Piensa que la utilización de una moneda como el Bitcoin que tiene un límite de oferta previsto de 21 millones de unidades puede servir para alentar el empleo? ¿Puede que su volatilidad sea una característica negativa si se la asocia a contratos de trabajo?

Sugerencia de Nueva Exploración 7; 500 créditos.

Vea (por ejemplo) las series "Black Mirror", "Altered Carbon", "Limitless", "Electric Dreams", "Nightflyers"; y las películas "¿Quieres ser John Malkovich?", "Anon", "Blade Runner 2049", "OtherLife", "Upgrade", "Ready Player One", "Her" y utilícelas como disparadores para inventar nuevos empleos.

Sugerencia de Nueva Exploración 8; 500 créditos.

Barcelona ha comenzado a vender cascos de realidad virtual para ver los partidos como si estuvieras en el "Camp Nou". De generalizarse la tecnología de la realidad virtual, ¿qué panoplia de nuevos empleos habrán de surgir?

Sugerencia de Nueva Exploración 9; 500 créditos.

Estudie y evalúe los efectos económicos que se producirán en los sistemas económicos que busquen "proteger" el empleo aumentando los costos laborales o adicionando impuestos a los robots, considerando estos párrafos sobre Japón y China que apunta Andrés Oppenheimer en su libro "¡Sálvese quien pueda! El futuro del trabajo en la era de la Automatización":

"EL GOBIERNO JAPONÉS SUBSIDIA LA COMPRA DE ROBOTS".

"El problema de la escasez de mano de obra en Japón por la baja tasa de natalidad es tan grande —la fuerza laboral del país bajará de 76 millones de trabajadores en la actualidad a 70 millones en 2025— que el gobierno está dando subsidios a las empresas para que compren robots. Con un plan de 1 000 millones de dólares lanzado por el primer ministro Shinzō Abe para convertir a Japón en una superpotencia robótica y costeado conjuntamente por el gobierno y el sector privado, Japón paga a las grandes empresas hasta 50% del costo de cada robot, y en el caso de las pequeñas empresas hasta 69 por ciento."

«CHINA COMPRARÁ ROBOTS "HASTA QUE NO QUEDE MÁS GENTE EN LAS FÁBRICAS"»

"Al igual que Japón, China lanzó en 2015 un plan de 10 años llamado Made in China 2025 con el objetivo de producir lo que el presidente Xi Jinping denominó una "revolución robótica". El plan está centrado en automatizar las fábricas chinas para aumentar su productividad, convertir a China en uno de los 10 países más automatizados del mundo y evitar así un mayor éxodo de plantas manufactureras asustadas por el aumento de los costos laborales en China. La Federación Internacional de Robótica señala que China está aumentando sus compras de robots industriales 20% al año, comprando más unidades que los 28 países de la Unión Europea juntos. Según la Federación, China será el mayor comprador de robots del mundo en la década de 2020, seguido de Corea del Sur, Japón y Estados Unidos."

LLAVE 30
SINTESIS DE LOS "DESAFÍOS" Y "PROPUESTAS"

DESAFÍO	LLAVE	PROPUESTA
¿Hay maneras novedosas de encarar el tema del empleo, dado el vértigo que impulsan las nuevas tecnologías?	1	Se sugiere considerar modos de encare que no limiten a través de sucintos procesos de reducción a la unidad, a la identidad, a la sustancia, la potencia del pensamiento. Es conveniente pensar el empleo más allá de tradicionales conceptos antropomórficos, y considerar nuevos conceptos como los de "multiplicidad", "agenciamiento", "potencia pre-individual y pos-individual". Es útil captar qué sea "lo infinito" y qué sea "lo ilimitado". Comprender como la inteligencia artificial puede evolucionar, adquirir autonomía y ser ella misma ofertante y demandante de trabajo.
¿Cuáles serían las tecnologías disruptivas más relevantes que debería considerar?	2	Las tecnologías disruptivas más importantes y que pueden proyectar una expansividad exponencial y "cambios de naturaleza" son: drones, exoesqueletos, biología sintética, realidad virtual, realidad aumentada, asistentes virtuales, blockchain, criptomonedas, Internet de las Cosas.
¿Cómo pensar el "empleo" respecto de un "mundo" que se transforma y "desterritorializa" a ritmo vertiginoso?	3	"Pensar" el empleo del futuro, debe funcionar también como una manera de explorar la propia potencia y retroalimentarla, lo que a su vez, propiciará mejores ideas sobre el "empleo". No puede pensarse de manera fecunda el "empleo" del futuro, si no es concomitante a una transformación del sujeto o sistema pensante.
¿Cómo encarar ideas creativas para la generación de "empleo" siendo que los procedimientos	4	El asunto no consiste sólo en producir "soluciones" a "problemas" presumidamente dados, sino proponerse inventar más y mejores "problemas".

"tradicionales" parecen trastabillar?		Hay que insuflar esta cuestión: ¿Qué se quiere con la generación de "empleo"? ¡Hay que inspirarse en el pino de Bristlecone que "quiere" alcanzar los 5000 años de vida!
¿Se pueden dejar los condicionamientos que frenan una comprensión novedosa de las posibilidades del "empleo"?	5	Sintonizar con el software de las "Tres transformaciones del espíritu" para captar cuando el "sistema de pensamiento" carga indebidamente con asunciones impertinentes ("camello"), y cuando arremete fieramente (como un "león") pero se queda en la mera anulación de "fardos". Una vez eso, poder experimentar un pensamiento liberado que pueda concebir las nuevas condiciones de posibilidad del "empleo".
¿Hay escasez de empleo?	6	Pensar el "empleo" como "infinito", y "más" que eso, como "ilimitado". Pensar "lo social" como un "sistema positivo de empresas inventadas", como un sistema para inventar y promover deseos más incitantes y excitantes. Es menester tener en cuenta los problemas de "escasez" o deficitario ajuste entre "oferta y demanda" de empleo, pero subordinado a una mirada potente que no se quede en la mera redistribución de "lo dado". Hay que sintonizar con "lo ilimitado" para que puedan aparecer oportunidades "ilimitadas" de "empleo".
¿Cómo podría aplicarse la teoría nietzscheana del "Eterno Retorno" al empleo?	7	La cuestión pasa por pensar que las diferenciaciones son las que retornan y hacen "al mundo". Pensar en términos de "repetición" de "diferencias" y no en términos de un "mundo" fijado identitariamente al que le acaecen cosas. Plantear las cosas de ese modo, supone pensar modos de "empleo" que puedan diferenciarse y quieran retornar. Hay que pensar el empleo, como aquello que quiere volver. Si no se quiere

		volver, entonces la angustia del desempleo empieza a asolar.
¿Por qué es útil considerar la posibilidad de proyecciones exponenciales de la economía?	8	Las nuevas condiciones tecnológicas hacen que el empleo no necesariamente tenga que ser pensado en términos de una racionalidad lineal y acotada. Innovaciones disruptivas pueden provocar una fecundidad tan amplia que vuelvan obsoletos anteriores problemas. Hace pocas décadas se discutía a muerte si el estado debería encargarse del correo, y algo tan "pedestre" como el e-mail multiplicó por millones la producción de "cartas", que volvió irrisorio el candente problema anterior y ya nadie recuerda esa tensión.
¿La mera generación de "empleo" resuelve todos los problemas?	9	Es menester concebir el tema del "empleo" de una manera "amplia" y que tenga en cuenta todos los intereses y deseos de las partes involucradas. En toda relación de "empleo" no hay sólo un "toma y daca" de corte materialista, sino que hay flujos de ida y vuelta en las dimensiones de "información" y "emociones". La "generación" de "empleo" debe tener en cuenta esta multidimensionalidad, y aprovechar las oportunidades que las distintas combinaciones pueden suscitar.
¿Qué tipos de "empleo" podría no estar considerando?	10	Es menester enfocar también el tema del "empleo" en relación a los notables cambios en las "Tecnologías del Sí Mismo" y las demandas de "empleo" intrapersonal e intramaquínicos.
¿De qué maneras las nuevas tecnologías pueden propiciar la generación de empleos?	11	Liberar a las fuerzas productivas del yugo impositivo, impulsarían las fuerzas de la "Economía de la Larga Cola" y de todo su poder revolucionario para excitar la generación de empleos merced a la producción de nuevos bienes de mayor especificidad y/o singularidad.
¿De qué manera se podría estar	12	El tiempo "social" se vuelve más "denso en conexiones" y no privilegiará tanto la

sesgando la evaluación del problema del "empleo"?		linearidad. Las estrategias de "empleo" deben aprovechar estos efectos "intra-temporales" o de "ilimitación" temporal, y estar alertas de que muchos "empleos" serán consecuencia de una reactivación de temas supuestamente "pasados" o anticipación de futuros que aún no tienen correspondencia con "el presente". Hay que atender el problema del "empleo" desde una perspectiva ilimitada de "concomitancia" y "coexistencia", además de la imagen de "sucesión". Hay que propender a alentar el empleo que tenga efectos de "concomitancia". Promover los emprendimientos que se presentan con el espíritu "colaborativo" de "código abierto", de tal manera que puedan ser conocidos y mejorados por los demás, sea por ejemplo los emprendedores que abren sus conocimientos de soft y de impresión 3D para producir prótesis de manos. Esa vocación "wikinómica" de apertura multiplica una serie incalculable de efectos concomitantes, más allá de los beneficios prácticos y emocionantes de quienes reciben las "manos 3D".
¿Puede que haya ingentes posibilidades de "empleo" en el futuro? ¿Cómo puedo pensar eso?	13	Presumiblemente, uno de los proyectos en que está inmerso la humanidad es en volver "recurso" todo lo que acontece y todo lo acontecido hasta ahora para tratar de relacionarlo rizomáticamente consigo mismo y con todo lo demás. La operación es gigantesca y requiere de "infinidad" de trabajo y coordinación. "La cosa" se ha abierto de tal modo, que están dadas las condiciones para que las relaciones sean no sólo entre actualidades "fenotípicas", ¡sino a nivel de la dimensión genotípica misma!
¿Cómo pensar "lo impensado" en relación al "empleo"?	14	Es necesario fugarse de la metafísica tradicional que sustenta el pensamiento sobre "el empleo", y evaluar los estilos y modos de existencia heterogéneos que existen o pueden existir, y que no quieren quedar estratificados en los

		modos de vida tradicionales, o prevalecientes, o "mayoritarios", o "impuestos".
¿Cómo pensar el "empleo" frente a la "competencia" "impiadosa" de la tecnología?	15	Para generar "empleo", hay que maximizar los incentivos en el sistema para trabajar e invertir. Es menester dejar de lado la imputación de culpas a la tecnología. La automatización y los nuevos productos tecnológicos pueden ser una bendición para los sistemas que están obstruidos por la legislación laboral. Una propuesta básica y elemental para generar empleo en la Argentina, pasa por bajar las cargas a la relación laboral, bajar la desmesurada presión impositiva, eliminar la "inflación" y minimizar el "costo argentino".
¿Qué criterios podrían utilizarse para mejorar el ajuste entre oferta y demanda de empleo?	16	Se propone pensar el "empleo" desde una "perspectiva marginalista": flujos de oferta y demanda de trabajo específico y singular, que trasuntan multiplicidad de dimensiones, y que no necesariamente tengan que restringirse a ofertas y demandas "humanas". Portales y APPs, estatales y/o privados, pueden volver operativos este acercamiento de "oferta y demanda" de empleo.
¿Cómo puede la tecnología apoyar hoy la generación de empleo?	17	Promover la utilización de algoritmos inteligentes y "Big Data" para pensar la intermediación de la oferta y demanda de trabajo en función de nuevos "formatos" de empleo para "flujos" de trabajo. La utilización de estas nuevas tecnologías "inteligentes" captaría oportunidades de oferta y demanda de empleo que ni los mismos titulares de los "recursos" podrían concebir. Algoritmos, Big Data y "Perspectiva Marginalista" minimizarían los procesos "disipativos" de empleo.
¿Puede convivir "el hombre" con un sistema de	18	Es menester considerar que lo que sea "hombre" está en proceso de transformación.

algoritmos inteligentes?		Los algoritmos inteligentes funcionarán también como "sondas" para explorar "lo humano" y "lo vital", competirán entre sí, serán ofertantes y demandantes de empleo, fuente de ingresos, y fuente de nuevas relaciones amicales y afectivas con los seres humanos.
¿Cómo empoderar a quiénes cumplen y son eficientes?	19	La propuesta consiste en "capitalizar la experiencia" de todos los intercambios, utilizando todos los mecanismos probados propios de la "Economía de Likes" o "Economía de la Reputación". Hay que alentar los mecanismos recíprocos de calificación que facilitan que puedan proyectarse los que mejor atiendan los deseos de los demás. Está bien propiciar que la generación de empleo tenga más chances de estar vinculada a los que hacen mejor las cosas.
¿Hay que promover "la educación" para propiciar el "empleo"? ¿Podrían pensarse variantes para que los consumos o inversiones en capital cognitivo se puedan pagar con el empleo?	20	Más allá de que la "educación" (en parte) se puede lograr o mejorar mientras se está empleado, una "Universidad del Futuro" que proyecte relaciones con la generación de "empleo", propiciaría una "cartografía curricular" y un "entrenamiento" afines al objetivo propuesto. Sería una "educación" que incite la experimentación, la innovación, el aprender a aprender, la capacidad para potenciar todo incluyendo el sí mismo. Se puede concebir el aprendizaje en función de multiplicidad de niveles, uno "compra", "consume" e "invierte" en ciertos niveles, pagando con trabajo ejecutado en otros niveles. Las ideas nucleares son: 1°) cada cual es comprador y vendedor al mismo; 2°) hay arbitraje de niveles; 3°) el "empleo" sirve para pagar "consumos/inversiones" de otros niveles.
¿Cómo promover el interés por el empleo del futuro?	21	Hacer amigable la cuestión de la tecnología y el empleo, motivando el interés por aprender y futurizarse.

		Impulsar cambios curriculares que incluyan el estudio del futuro como "materia". Promover concursos, incentivar con premios. Reorientar subsidios y becas que ya están funcionando.
¿Qué criterio general debería asociarse a la generación de empleo? ¿Qué recomendaciones de "política económica" se podrían formular a efectos de la generación de empleo?	22	Un criterio general para que las propuestas de generación de empleo sean consistentes y sustentables en el tiempo es que estén alineadas con la competitividad. Tiene que tener sentido invertir y aumentar la producción. Es menester bajar el "costo argentino", eliminar y reducir impuestos, eliminar regulaciones, reformular el derecho laboral, terminar con la inflación.
¿Qué maneras novedosas podrían concebirse para impulsar la generación de "empleo"?	23	"Contratos de Sinergia Digital". Estimular la "llegada" del "Inmigrante Digital".
¿Cómo propiciar empleo siendo que los procesos recesivos asolan muchos de los sistemas económicos y la automatización reemplaza los empleos humanos?	24	Los procesos recesivos se explican en buena parte por las políticas económicas con desmesurado gasto público, intervención estatal, presión impositiva y regulación estatal. Hay que concebir nuevos agenciamientos políticos que minimicen la ineficiencia y mala praxis estatalista, poniendo un tope a la gigantesca máquina de "anti-producción". Nuevas monedas virtuales y el despliegue de una "Economía de Puntos" pueden servir para mitigar los efectos nocivos del burocratismo estatalista.
¿Es posible generar nuevas maneras de pensar "el empleo"?	25	Es menester esquivar todas las presuposiciones dogmáticas que condicionan el pensamiento sobre el empleo y superar todas las variantes de "Ilusión de Trascendencia por forzamiento a la Unidad".

¿Qué nuevos principios se podrían tener en cuenta para pensar el empleo?	**26**	Los "principios" podrían ser valorados no tanto como "origen" sino para tener consecuencias (Ortega y Gassett). Los principios deberían tener consecuencias en los algoritmos inteligentes y renovar el pensamiento humano sobre el "empleo". Los criterios elementales deberían perseguir la "potencia" de pensamiento, la potencia afectiva y vital, y eludir la bajeza y el resentimiento.
¿Se puede pensar de manera optimista el futuro?	**27**	Más allá de las peripecias de la transición, hay mucha más potencia en los sistemas o puede haberlas, y se inicia una "Edad de Oro" para una cantidad enorme de disciplinas y emprendimientos vitales.

N1: Augusto César Lapeyre: Abogado, Economista, Licenciado en Ciencias Políticas. Profesor de "Economía Política y Economía Argentina" en la Universidad de Buenos Aires (UBA, Facultad de Derecho), de "Introducción al Derecho" en la Universidad de Ciencias Económicas y Sociales (UCES), de "Filosofía y Ética Profesional" en el Instituto Superior de Seguridad Pública (ISSP), de "Realidad Económica" y "Economía Laboral" en la Universidad de la Empresa (UDE, Colonia del Sacramento, Uruguay). Da un Taller de filosofía abierto al público titulado "Filosofía para Ilimitarnos".

Mails: augustolapeyre@derecho.uba.ar; nomadaugusto@gmail.com .

N2: «Remy Chauvin tiene razón cuando dice: "Evolución a-paralela de dos seres que no tienen nada que ver el uno con el otro"». Deleuze, Gilles; Guattari, Félix. "Mil Mesetas. Capitalismo y Esquizofrenia". Pre-Textos, Valencia, 1988; página 16.

N3: En el motivante "Abundance: The Future Is Better Than You Think", Diamandis y Kotler ponderan lo estimulante que pueden ser los concursos. De hecho, la primera versión de este trabajo fue presentada el 31 de julio de 2018 en el concurso "Tecnología y generación de empleo en el siglo XXI: desafíos y propuestas" en la "Academia Nacional de Ciencias Morales y Políticas" (ANCMYP).

N4: La presión impositiva en la Argentina es de las más altas del mundo, distribuida en estos momentos en 163 impuestos según el "Vademécum tributario argentino 2019: 163 tributos legislados por Nación, Provincias y Municipios", efectuado por el "Instituto Argentino de Análisis Fiscal" (IARAF). El economista Aldo Abram señala una formulación muy pertinente para la Argentina: "No ajustar el Estado es recesivo". LINK:
https://www.libertadyprogresonline.org/2019/03/07/no-ajustar-el-estado-es-recesivo/

N5: En la nota periodística "Bajó brutalmente el empleo y nadie incendió el país", del 26 de marzo de 2019, Roberto Cachanosky argumenta: "Entre marzo y diciembre de 2018 el sector privado perdió 130.700 puestos de trabajo (Reuters/Marcos Brindicci). Cuando uno propone como medida fiscal comenzar a reducir el empleo público a nivel nacional, provincial y municipal, es inevitable que el interlocutor responda: ¿y qué hacemos con la gente que queda desocupada? Los más tremendistas suelen argumentar: "No se puede, te incendian el país". De manera que es casi un sacrilegio proponer semejante cosa." […] "Sin embargo, la realidad es que ese ajuste de empleo ocurrió en menos de un año, con la diferencia de que no fue en el sector público sino que fue en el sector privado." "Los datos fríos muestran que entre la Nación, las provincias y los municipios hay 61.300 empleados públicos más que en noviembre de 2015. El sector privado está atrapado entre una sideral tasa de interés que frena la economía y un gigantesco Estado que se traduce en una fenomenal carga tributaria para aquellos que estamos en blanco. Pero la carga tributaria no es solo nacional, las provincias no se quedan atrás a la hora de castigar al contribuyente. El conocido SIRCREB, es un nefasto invento por el cual las provincias y CABA suponen que cualquier ingreso que alguien tiene en su cuenta bancaria es porque facturó una venta. Esto quiere decir que, sin orden judicial, las provincias y CABA meten la mano en la propiedad privada y se quedan con el porcentaje correspondiente a Ingresos Brutos sin importar si fue una venta o una simple transferencia de fondos entre amigos y familiares. Si mi primo me regala plata y me la acredita en la cuenta corriente, el estado supone que ese ingreso es fruto de una venta y me retiene ingresos brutos. Más delirante no puede ser el sistema. Pero resulta que a este nefasto SIRCREB se le agrega ahora el SIRTAC, que es el Sistema de Recaudación Sobre Tarjetas de Crédito y Compra. Es decir, si un comercio hace una venta y le pagan con tarjeta de crédito, ahora los estados provinciales decidieron retenerle ingresos brutos, de manera que cuando el comerciante cobre la venta por la tarjeta de crédito ya le habrán retenido el porcentaje correspondiente a ingresos brutos. Paga por anticipado el impuesto. […] Evidentemente que hoy en día ya no se recurre a la violencia para enfrentar la voracidad fiscal. Ahora existen mecanismos menos violentos como la evasión, mudarse de país para pagar menos impuestos y otras maneras pacíficas de quitarse de encima el peso del estado. ¿O alguien duda que si todavía la gente sobrevive a esta fenomenal carga impositiva es porque una parte importante de la economía opera en negro? […] La democracia se ha transformado en una competencia populista repartiendo planes sociales y empleo público a diestra y siniestra para conseguir votos. Esos votos tiene como contrapartida un costo que es el gasto público y ese gasto público hay que financiarlo con impuestos, deuda pública o emisión monetaria. La deuda sube la tasa de interés y paraliza la economía, la carga tributaria estimula el trabajo informal o directamente el cierre de empresas y la inflación la conocida caída del ingreso real. En Argentina usamos todas estas herramientas. […] En síntesis, el "gasto social" y el empleo público, que es la llave para ganar la competencia populista implica transferirle al contribuyente el costo de la campaña electoral. El problema es que cada vez hay menos contribuyentes porque el estado los está matando con impuestos. Así que esta competencia populista va a tener cada vez menos financiamiento en la medida que se vaya agotando el sector privado que es el que genera riqueza y es el que mantiene el negocio de los políticos, el empleo público y los planes sociales. Tal vez la carga impositiva no derive en una guerra de la independencia como en EEUU o en otra Carta Magna, pero sí puede terminar de transformar a la Argentina en un estado fallido." https://www.infobae.com/opinion/2019/03/26/bajo-brutalmente-el-empleo-y-nadie-incendio-el-pais/

N6: Convergente con esto, Marcos Galperin, CEO y fundador de Mercado Libre sostiene: "el marco laboral argentino pertenece al siglo pasado". Link: https://www.infobae.com/economia/2018/12/17/marcos-galperin-el-marco-laboral-argentino-pertenece-al-siglo-pasado/

N7: Marcos Galperín argumenta respecto de un reciente nuevo impuesto en la Argentina : "La ley para ponerle impuestos a las exportaciones de software resta fuertemente. Si eso se mantiene, la industria del software se va a ir. El oro, el gas, el petróleo, la carne, el trigo, la soja, eso está acá… pero el software está en el cerebro de las personas, que se suben a un avión y se van a cualquier lado. De hecho, nuestro mayor desafío es retener a nuestros programadores versus empresas de otros lados del mundo que nos los vienen a "robar". Es una industria completamente móvil, pero las autoridades y todos tienen que entenderlo, es distinta a las demás". Link: https://www.infobae.com/economia/2018/12/17/marcos-galperin-el-marco-laboral-argentino-pertenece-al-siglo-pasado/

N8: Link: https://www.infobae.com/america/tecno/2019/03/29/el-25-de-los-europeos-preferiria-ser-gobernado-por-robots/

N9: AirBnB para autos: https://www.infobae.com/espacio-no-editorial/2019/01/21/una-nueva-app-argentina-trae-el-sistema-de-airbnb-pero-con-autos/

N10: AirBnB para mascotas: http://www.lanacion.com.ar/2061015-entrevista-a-eduardo-baer-creador-de-doghero

N11: Sophia: https://www.bbc.com/mundo/noticias-41803576

N12: "Los robots sexuales ya están aquí, ¿debe haber leyes que los regulen?" Link: https://elpais.com/tecnologia/2019/02/14/actualidad/1550144811_560964.html?fbclid=IwAR0w5misWTGM7S39Xir HKRIapF6-xfB_6aUY_Fe4iWpkTt-i_OcYeHMvFJI

LLAVE 32
BIBLIOGRAFÍA Y OTRAS FUENTES

1.   Agrawal, Ajay. "Prediction Machines: The Simple Economics of Artificial Intelligence". Harvard Business Review Press, USA, 2018. Kindle Edition.

2.   Alberdi, Juan Bautista. "Sistema Económico y Rentístico de la Confederación Argentina según su Constitución de 1853". Versión digital: http://www.eumed.net/cursecon/textos/2004/alberdi-sistema.pdf

3.   Alpaydin, Ethem. "Machine Learning. The New AI." The MIT Press, USA, 2016. Kindle Edition.

4.   Altamirano, Marco. "Time, Technology and Environment. An essay on the philosophy of nature". Edinburgh University Press, Edinburgh, 2017.

5.   Anderson, Chris. "La Economía Long Tail. De Los Mercados De Masas Al Triunfo De Lo Minoritario". Tendencias Editores, Barcelona, 2007.

6.   Anderson, Chris. Makers: "The New Industrial Revolution". The Crown Publishing Group, 2014. Kindle Edition.

7.   Ansell Pearson, Keith. "Germinal Life. The difference and repetition of Deleuze". Routledge, Londres, Gran Bretaña, 1997.

8.   Ansell Pearson, Keith. "Philosophy and the Adventure of the Virtual. Bergson and the time of life". Routledge, Londres, Gran Bretaña, 2002.

9.   Ansell Pearson, Keith. "Viroid Life. Perspectives on Nietzsche and the Transhuman Condition". Routledge, Londres, Gran Bretaña, 1997.

10.   Ansell-Pearson, Keith. "Bergson. Thinking Beyond the Human Condition". Bloomsbury, USA, 2019.

11.   Antonopoulos, Andreas M. "Mastering Bitcoin. Programmingthe Open Blockchain". Edición Abierta de "MasteringBitcoin" publicada para traducción bajo una Licencia CreativeCommons Atribución Compartir-Igual (CBSA), 2016.

12.   Archibald, John M. "Genomics: A Very Short Introduction." Oxford University Press, NY, 2018.   Kindle Edition.

13.   Arriazu, Ricardo Héctor. "Lecciones de la Crisis Argentina. Bases programáticas para un esquema de desarrollo sustentable". El Ateneo, Buenos Aires, 2003.

14.   Avanessian, Armen; Reis, Mauro (compiladores). "Aceleracionismo. Estrategias para una transición al Postcapitalismo." Caja Negra, Buenos Aires, 2017.

15.   Barnatt, Christopher. "The Next Big Thing: From 3D Printing to Mining the Moon." First published by ExplainingTheFuture.com, 2015.   Kindle Edition.

16.   Barrat, James. "Our Final Invention: Artificial Intelligence and the End of the Human Era". St. Martin's Press, USA, 2015. Kindle Edition.

17.   Barroso Ramos, Moisés. "La Piedra de Toque. Filosofía de la inmanencia y de la naturaleza en Gilles Deleuze". Biblioteca Nueva, Madrid, 2008.

18.   Beistegui, Miguel de. "Truth & Genesis. Philosophy as Differential Ontology". Indiana University Press, USA, 2004.

19.   Bell, Jeffrey A. "Philosophy at the Edge of Chaos: Gilles Deleuze and the Philosophy of Difference". University of Toronto Press, Toronto, Canada, 2006.

20.   Bergson, Henri. "El Pensamiento y Lo Moviente". La Pléyade, Buenos Aires, 1972.

21.   Bergson, Henri. "La Energía Espiritual". Cactus, Buenos Aires, 2012.

22.   Bergson, Henri. "La Evolución Creadora". Cactus, Buenos Aires, 2007.

23.   Bergson, Henri. "Materia y Memoria. Ensayo sobre la relación del cuerpo con el espíritu." Cactus, Buenos Aires, 2006.

24.   Bilinkis, Santiago. "Pasaje al Futuro. Guía para abordar el viaje al mañana". Editorial Sudamericana, Buenos Aires, 1/11/2014.

25.   Blanco, Javier; Parente, Diego; Rodríguez, Pablo; Vaccari, Andrés (coordinadores). "Amar a las Máquinas. Cultura y Técnica en Gilbert Simondon". Prometeo Libros, Buenos Aires, 2015.

26.   Blasco Garma, Enrique. "La Riqueza de los Países y su Gente. Las tremendas asimetrías de los ingresos. Causas y propuestas". Lumiere, Buenos Aires, 2005.

27.   Blasco Garma, Enrique. "Fin de la Pobreza". Grupo Unión, Buenos Aires, 2018.

28.   Boden, Margaret A. "Artificial Intelligence: A Very Short Introduction." Oxford University Press, USA, 2018. Kindle Edition.

29.   Bogue, Ronald. "Deleuze and Guattari". Routledge, Londres, Inglaterra, 1996. Primera edición: 1989.

30.   Bogue, Ronald. "Deleuze on Cinema". Routledge, New York, USA, 2003.

31.   Bogue, Ronald. "Deleuze on Literature". Routledge, New York, USA, 2003.

32.   Bogue, Ronald. "Deleuze on Music, Painting, and the Arts". Routledge, New York, USA, 2003.
33.   Bogue, Ronald. "Deleuze's Wake. Tributes and Tributaries". State University of New York Press, USA, 2004.
34.   Bonta, Mark and Protevi, John. "Deleuze and Geophilosophy. A Guide and Glossary". Edinburgh University Press, España, 2004.
35.   Bostrom, Nick. "Superintelligence: Paths, Dangers, Strategies". Kindle Edition. (Oxford University Press, Gran Bretaña, reimpresión con correcciones, 2017).
36.   Boundas, Constantin and Olkowski, Dorotea. "Gilles Deleuze and the Theater of Philosophy". Routledge, Londres, Gran Bretaña, 1994.
37.   Boundas, Constantin V. (editor). "The Deleuze Reader". Columbia University Press, NY, USA, 1993.
38.   Boundas, Constantin V. "Deleuze and Philosophy". Edinburgh University Press, Gran Bretaña, 2006.
39.   Boundas, Constantin V. "Gilles Deleuze. The Intensive Reduction." Continuum, USA, 2012.
40.   Braidotti, Rosi. "Sujetos Nómades". Paidós, Argentina, 2000.
41.   Braidotti, Rosi. "The Posthuman". Polity Press, USA, 2013.
42.   Brennan, Geoffrey; Buchanan, James M. "El poder fiscal. Fundamentos analíticos de una constitución fiscal". Unión Editorial, Madrid, 1987.
43.   Brennan, Geoffrey; Buchanan, James M. "La razón de las normas. Economía política constitucional". Unión Editorial, Madrid, 1987.
44.   Brusseau, James. "Isolated Experiences. Gilles Deleuze and the Solitudes of Reversed Platonism". State University of New York Press, USA, 1998.
45.   Bryden, Mary (Editora). "Deleuze and Religión". Routledge, Londres, Gran Bretaña, 2001.
46.   Brynjolfsson, Erik; McAffe, Andrew. "The Second Machine Age: Work, Progress, and Prosperity in a Time of Brilliant Technologies". Kindle Edition. (W. W. Norton & Company, USA, 2014).
47.   Buchanan, Ian (Editor). "A Deleuzian Century?" Duke University Press, Durham, USA, 1999.
48.   Buchanan, Ian and Marks, John (editores). "Deleuze and Literature". Edinburgh University Press, Gran Bretaña, 2000.
49.   Buchanan, Ian and Parr, Adrian. "Deleuze and the Contemporary World". Edinburgh University Press, Gran Bretaña, 2006.
50.   Buchanan, Ian y Lambert, Gregg (editores). "Deleuze and Space". University of Toronto Press, USA, 2005.
51.   Buchanan, Ian. "Deleuzism. A Metacommentary". Duke University Press, Durham, USA, 2000.
52.   Cairncross, Frances. "La Muerte de la Distancia. Cómo la revolución de las comunicaciones cambiará la vida de la empresa". Paidós, Barcelona, 1998.
53.   Caponi, Saverio. "Gilbert Simondon, La Tecnica e La Vita". Lulu Press, USA, 2012.
54.   Carone, Timothy E. "Future Automation. Changes to Lives and to Businesses". World Scientific, Singapore, 2019.
55.   Cavanillas, José María; Curry, Edward; Wahlster, Wolfgang. "New Horizons for a Data-Driven Economy: A Roadmap for Usage and Exploitation

of Big Data in Europe". Springer International Publishing, 2016. Kindle Edition.

56.   Chabot, Pascal. "The Philosophy of Simondon: Between Technology and Individuation". Bloomsbury Publishing, 2013. Kindle Edition.

57.   Chacholíades, Miltíades. "Economía Internacional". McGraw Hill, Madrid, 1982.

58.   Colebrook, Claire. "Deleuze: A Guide for the Perplexed". Continuum, Gran Bretaña, 2006.

59.   Colebrook, Claire. "Gilles Deleuze". Routledge, Londres, Gran Bretaña, 2002 (reimpresión).

60.   Colvin, Geoff. "Humans Are Underrated". Penguin Publishing Group, USA, 2016. Kindle Edition.

61.   Colvin, Geoff. "Talent Is Overrated: What Really Separates World-Class Performers from Everybody Else." Penguin Publishing Group, USA, 2008. Kindle Edition.

62.   Combes, Muriel. "Simondon. Una Filosofía de lo Transindividual." Cactus, Buenos Aires, 2017.

63.   Connoly, William E. "A World of Becoming". Duke University Press, USA, 2011.

64.   Cumbers, John; Schmieder, Karl. "What's Your Bio Strategy? How to Prepare Your Business for the Age of Synthetic Biology". Pulp Bio Books, USA, 2017. Kindle Edition.

65.   **D**augherty, Paul R. "Human + Machine: Reimagining Work in the Age of AI". Harvard Business Review Press, USA, 2018. Kindle Edition.

66.   Davenport, Thomas H; Beck, John C. "La Economía de la Atención". El nuevo valor de los negocios". Paidós, Barcelona, 2002.

67.   Davenport, Thomas H; Kirby, Julia. "Only Humans Need Apply. Winners and Losers in the Age of Smart Machines." HarperBusiness, USA, 2016. Kindle Edition.

68.   Davies, Jamie A. "Synthetic Biology: A Very Short Introduction." Oxford University Press, USA, 2018. Kindle Edition.

69.   Davis, Stan y Meyer, Christopher. "It's Alive: The Coming Convergence of Information, Biology, and Business". Kindle Edition. Crown Business, USA, 2003.

70.   Davis, Stan y Meyer, Christopher. "La Velocidad de los Cambios en la Economía Interconectada. Blur". Paidós, Barcelona, España, 1999.

71.   De Boever, Arne; Murray, Alex; Roffe, Jon; Woodward, Ashley (compiladores). "Gilbert Simondon. Being and Technology". Edinburgh University Press, Gran Bretaña, 2012.

72.   De Filippi, Primavera. "Blockchain and the Law: The Rule of Code". Harvard University Press, USA, 2018. Kindle Edition.

73.   De León de la Riva, Eduardo. "Big Data. Todo lo que debes saber de Big Data." So What? N° 3, De la Riva Publishing, 2018. Kindle Edition.

74.   Debaise, Didier. "Nature as Event. The Lure of the Possible". Duke University Press, USA, 2019.

75.   Debaise, Didier. "Speculative Empiricism. Revisiting Whitehead." Edinburgh University Press, Great Britain, 2017.

76.   DeLanda, Manuel. "A New Philosophy of Society. Assemblage Theory and Social Complexity". Continuum, Gran Bretaña, 2006.

77.   DeLanda, Manuel. "Assemblage Theory". Edinburgh University Press, Gran Bretaña, 2016.

78.   Delanda, Manuel. "Intensive Science & Virtual Philosophy". Continuum, Londres, Gran Bretaña, 2002.

79.   Deleuze, Gilles y Guattari, Félix: "¿Qué es la filosofía"? Editorial Anagrama, Barcelona, 1993.

80.   Deleuze, Gilles y Félix Guattari. "El Anti-Edipo. Capitalismo y Esquizofrenia". Paidós, Barcelona, 1985.

81.   Deleuze, Gilles. "El Poder. Curso sobre Foucault." Tomo II. Cactus, Buenos Aires, 2014.

82.   Deleuze, Gilles. "El Saber. Curso sobre Foucault." Tomo I. Cactus, Buenos Aires, 2013.

83.   Deleuze, Gilles. "La Subjetivación. Curso sobre Foucault." Tomo III. Cactus, Buenos Aires, 2015.

84.   Deleuze, Gilles. "Pintura. El concepto de diagrama". Cactus, Buenos Aires, 2007. Clases de Deleuze de 1981 relativas a "pintura".

85.   Deleuze, Gilles. "Conversaciones". Pre-Textos, Valencia, España, 1995.

86.   Deleuze, Gilles. "Crítica y clínica". Anagrama, Barcelona, 1996.

87.   Deleuze, Gilles. "Derrames entre el capitalismo y la esquizofrenia". «Serie Clases», Cactus, Buenos Aires, 2005. Clases de Deleuze entre el 16/9/1971 y el 27/2/1979.

88.   Deleuze, Gilles. "Deseo y placer". Alción Editora, Córdoba, Argentina, 2004.

89.   Deleuze, Gilles. "Diferencia y Repetición". Júcar Universidad, Barcelona, 1988. También hay otra edición por Amorrortu, Buenos Aires, 2002.

90.   Deleuze, Gilles. "El Bergsonismo". Cátedra, Teorema, Madrid, España, 1996 (2ª edición).

91.   Deleuze, Gilles. "El Pliegue. Leibniz y el barroco. Paidós, Barcelona, España, 1989.

92.   Deleuze, Gilles. "Empirismo y Subjetividad". Gedisa, Barcelona, España, 1996 (3ª edición).

93.   Deleuze, Gilles. "En medio de Spinoza". Editorial Cactus, Buenos Aires, octubre 2003. Clases de Deleuze entre 1980 y 1981, hay un "Anexo" con una clase del 24/1/1978.

94.   Deleuze, Gilles. "Exasperación de la filosofía. El Leibniz de Deleuze". «Serie Clases», Volumen 2, Cactus, Buenos Aires, 2006. Clases de Deleuze sobre Leibniz entre el 15/4/1980 y el 25/5/1987.

95.   Deleuze, Gilles. "Foucault". Paidós, Barcelona, España, 1987.

96.   Deleuze, Gilles. "Francis Bacon. La lógica de la sensación". Arena Libros, Madrid, 2002.

97.   Deleuze, Gilles. "La Filosofía Crítica de Kant". Cátedra, Teorema, Madrid, España, 1997.

98.   Deleuze, Gilles. "La imagen-movimiento. Estudios sobre cine 1". Paidós, Barcelona, 1984. "L'image-mouvement. Cinéma 1.

99.   Deleuze, Gilles. "La imagen-tiempo. Estudios sobre cine 2". Paidós, Barcelona, 1987. Título original: "L'image-temps. Cinéma 2.

100.   Deleuze, Gilles. "La inmanencia: una vida..."; en "Ensayos sobre biopolítica". Paidós, Buenos Aires, 2007.

101.   Deleuze, Gilles. "La Isla Desierta y Otros Textos. Textos y entrevistas (1953-1974)". Pre-Textos, Valencia, 2005.

102.   Deleuze, Gilles. "Lógica del Sentido", Paidós, Barcelona, 1969.

103.   Deleuze, Gilles. "Nietzsche y la Filosofía". Editorial Anagrama, Barcelona, España, 2° edición: 1986.

104.   Deleuze, Gilles. "Pericles y Verdi. La Filosofía de Francois Châtelet. Pre-Textos, Valencia, España, 1989.

105.   Deleuze, Gilles. "Presentación de Sacher-Masoch. El frío y el cruel". Taurus, Madrid, 1973.

106.   Deleuze, Gilles. "Proust y los signos". Editorial Anagrama, Barcelona, 1972.

107.   Deleuze, Gilles. "Spinoza: Filosofía Práctica". Tusquets Editores, Barcelona, España, 2001.

108.   Deleuze, Gilles. "Two Regimes of madness. Texts and Interviews 1975-1995". Semiotext(E) Foreign Agents Series, USA, 2006.

109.   Deleuze, Gilles: "Spinoza y el problema de la expresión". Muchnik Editores, Barcelona, 1975.

110.   Deleuze, Gilles; Guattari, Félix. "Kafka, por una literatura menor". Era, México, 1978.

111.   Deleuze, Gilles; Guattari, Félix. "Mil Mesetas. Capitalismo y Esquizofrenia". Pre-Textos, Valencia, 1988.

112.   Deleuze, Gilles; Parnet, Claire. "Diálogos". Pre-Textos, Valencia, España, 1980.

113.   Deoraj, Stuart. "Synthetic Biology & Human Health: Myths, Fables & Synthetic Futures." SYBHEL Project, 2012. Kindle Edition.

114.   Diamandis, Peter H; Kotler, Steven. "Abundance: The Future Is Better Than You Think". Kindle Edition. (Free Press, USA, 2012).

115.   Dinh, Thien-Nam. "Silicon Minds: The Science, Impact, and Promise of Artificial Intelligence." Wise Fox Publishing, USA, 2018. Kindle Edition.

116.   Divan, Aysha. "Molecular Biology: A Very Short Introduction". Oxford University Press, USA, 2016. Kindle Edition.

117.   Doerr, John. "Measure What Matters: How Google, Bono, and the Gates Foundation Rock the World with OKRs". Penguin Publishing Group, USA, 2018. Kindle Edition.

118.   Domingos, Pedro. "The Master Algorithm: How the Quest for the Ultimate Learning Machine Will Remake Our World". Basic Books, USA, 2015. Kindle Edition.

119.   Due, Reidar. "Deleuze". Polity Press, Gran Bretaña, 2007.

120.   Duffy, Simon (editor). "Virtual Mathematics. The logic of difference". Clinamen Press, Gran Bretaña, 2006.

121.   Dutz, Mark A; Almeida, Rita K; Packard, Truman G. "The Jobs of Tomorrow: Technology, Productivity and Prosperity in Latin America and the Caribbean (Directions in Development) Paperback". Kindle Edition. (World Bank Group, USA, 2018).

122.   Espert, José Luis. "La Argentina Devorada. Como Sindicatos, Empresarios Prebendarios y Políticos sabotean el desarrollo del país y cómo vencerlos para despegar". Galerna, Buenos Aires, 2018.

123.   Espert, José Luis. "La sociedad cómplice. Los mitos económicos que llevaron a la Argentina a la decadencia y qué hacer para corregirlos." Sudamericana, Buenos Aires, 2019. Kindle Edition.
124.   Faber, Roland and Stephenson, Andrea M, editors. "Secrets of Becoming. Negotiating Whitehead, Deleuze and Butler." Fordham University Press, New York, 2011.
125.   Faulkner, Keith W. "Deleuze and the Three Syntheses of Time". Peter Lang Publishing Inc., NY. Alemania, 2006.
126.   Fernández, Roque B; Ocampo, Emilio; editores. "El Populismo en Argentina y en el Mundo". Ediciones Ucema y Claridad, Buenos Aires, 2018.
127.   Flaxman, Gregory. "Gilles Deleuze and the Fabulation of Philosophy". University of Minnesota Press, USA, 2012.
128.   Flaxman, Gregory (editor). "The Brain Is the Screen. Deleuze and the Philosophy of Cinema". University of Minnesota Press, Minneapolis, USA, 2000.
129.   Ford, Martin. "Rise of the Robots: Technology and the Threat of a Jobless Future". Kindle Edition. (Basic Books, USA, 2015).
130.   Ford. Martin. Architects of Intelligence: The truth about AI from the people building it. Packt Publishing, USA, 2019.
131.   Foucault; Michel. "Theatrum Philosophicum"; seguido de Deleuze, Gilles; "Repetición y diferencia". Anagrama, Barcelona, 1995.
132.   Frank, Malcolm; Roehrig, Paul; Pring, Ben. "What To Do When Machines Do Everything. How to Get Ahead in a World of AI, Algorithms, Bots, and Big Data." Wiley, USA, 2017. Kindle Edition.
133.   Frey, Carl Benedikt; Osborne, Michael A. "The Future of Employment: how susceptible are jobs to computerization?" 2013, Link: https://www.oxfordmartin.ox.ac.uk/downloads/academic/The_Future_of_Employment.pdf
134.   Friedman, Yair. "Triggering Innovation". Link: file:///C:/Users/dell/Downloads/What%20is%20Innovation%20and%20how%20can%20we%20trigger%20it%20Dr.%20Yair%20Friedman.pdf
135.   Fuglsang, Martin y Meier Sorensen, Bent (editores): "Deleuze and the Social". Edinburgh University Press, Gran Bretaña, 2006.
136.   Galloway, Alexander R; Thacker, Eugene. "The Exploit. A Theory of Networks". University of Minnesota Press, USA, 2007.
137.   Gates, Bill. "Los Negocios en la Era Digital. Cómo adaptar la Tecnología Informática para obtener el mayor beneficio." Editorial Sudamericana, Buenos Aires, 1999.
138.   Gibson, Rowan (Editor). "Repensando el futuro. Negocios, principios, competencia, control y complejidad, liderazgo, mercados y el mundo." Norma, Colombia, 1997.
139.   Gil, Elad. "High Growth Handbook". Stripe Press, USA, 2018. Kindle Edition.
140.   Godin, Seth. "Graceful. Making a difference in a world that need you". New Word City, 2010. Kindle Edition.
141.   Goodchild, Philip. "Deleuze & Guattari. "An Introduction to the Politics of Desire". SAGE Publications, Gran Bretaña, 1996.
142.   Griffith, Branden M. "The Blockchain Revolution. How Cryptocurrency is Shaping New Digital Economy". USA, 2019.
143.   Grosz, Elizabeth (Editor). "Becomings. Explorations in Time, Memory, and Futures". Cornell University, USA, 1999.

144. Grosz, Elizabeth. "Space, Time and Pervertion". Routledge, New York, USA, 1995.

145. Grosz, Elizabeth. "The Incorporeal: Ontology, Ethics, and the Limits of Materialism." Columbia University Press, NY, 2017. Kindle Edition.

146. Grosz, Elizabeth. "The Nick of Time. Politics, Evolution, and the Untimely". Duke University Press, Durham, USA, 2004.

147. Gurevich, Ariel. "La Vida Digital. Intersubjetividad en Tiempos de Plataformas Sociales". Crujía, Buenos Aires, 2018.

148. Hallward, Peter. "Out of this World. Deleuze and the Philosophy of Creation". Verso, Gran Bretaña, 2006.

149. Han, Byung-Chul. "La sociedad del cansancio". Herder Editorial, Barcelona, segunda edición ampliada, 2017. Kindle Edition.

150. Hanke, Steve; Schuler, Kurt. "Una Propuesta de Dolarización para Argentina". Link: http://cdi.mecon.gov.ar/bases/doc/cato/fpb52.es.pdf

151. Hanson, Robin. The Age of Em: Work, Love, and Life when Robots Rule the Earth. Oxford University Press, UK, 2018.

152. Harari, Yuval Noah. "21 lecciones para el siglo XXI ". Kindle Edition. (Debate, Barcelona, 2018).

153. Harari, Yuval Noah. "Homo Deus: Breve historia del mañana". Kindle Edition. (Debate, Barcelona, 2017).

154. Hardt, Michael. "Gilles Deleuze. An Apprenticeship in Philosophy". University of Minnesota Press, Minneapolis, USA, 1995 (2ª edición); © 1993, Regents of the University of Minnesota.

155. Hardt, Michael; Negri, Antonio. "Imperio". Paidós, Buenos Aires, 2000.

156. Hardt, Michael; Negri, Antonio. "Multitud. Guerra y democracia en la era del Imperio". Debate, Buenos Aires, 2004.

157. Harman, Graham. "Tool-Being: Heidegger and the Metaphysics of Objects". Open Court, USA, 2002.Kindle Edition.

158. Haskel, Jonathan; Westlake, Stian. "Capitalism without Capital: The Rise of the Intangible Economy". Princeton University Press, USA, 2018. Kindle Edition.

159. Hayden, Patrick. "Multiplicity and Becoming. The Pluralist Empiricism of Gilles Deleuze". Peter Lang, New York, 1998.

160. Hayek, Friedrich August. "Derecho, Legislación y Libertad". Volumen II: "El Espejismo de la Justicia Social". Unión Editorial, Madrid, 1979.

161. Hayek, Friedrich von: "Derecho, legislación y libertad. Una nueva formulación de los principios liberales de la justicia y de la economía política. Volumen I. Normas y orden". Unión Editorial, Madrid, 1973.

162. Hayek, Friedrich von: "El significado de la competencia". Libertas N° 13, Buenos Aires, octubre 1990.

163. Holland, Eugene W. "Deleuze and Guattari's Anti-Oedipus. Introduction to Schizoanalysis". Routledge, Londres, Gran Bretaña, 1999.

164. Holmes, Dawn E. "Big Data: A Very Short Introduction." Oxford University Press, USA, 2017. Kindle Edition.

165. Hoppe, Hans-Hermann. "The Economics and Ethics of Private Property. Studies in Political Economy and Philosophy." Ludwig von Mises Institute, USA, segunda edición, 2006.

166. Huntington, Samuel P. "El Choque de Civilizaciones y la reconfiguración del orden mundial". Paidós, Argentina, 2009.

167.   Johnson, Steven. "Las buenas ideas. Una historia natural de la innovación." Turner, Madrid, 2011. Kindle Edition.
168.   Joyanes Aguilar, Luis. "Programación Orientada a Objetos". McGraw-Hill, Madrid, 1998.
169.   Kaku, Michio. "Visiones. Cómo la ciencia revolucionará la materia, la vida y la mente en el siglo XXI". Debate, Madrid, 1998.
170.   Kaldero, Nir. "Data Science for Executives. Leveraging Machine Intelligence to Drive Business ROI". Lioncrest, USA, 2019.
171.   Kaplan, Jerry. "Humans Need Not Apply: A Guide to Wealth and Work in the Age of Artificial Intelligence". Yale University Press, USA, 2015. Kindle Edition.
172.   Kaufman, Eleanor and Heller, Kevin Jon (editors). "Deleuze and Guattari. New Mappings in Politics, Philosophy, and Culture". University of Minnesota Press, Minneapolis, USA, 1998.
173.   Kelleher, John D.. "Data Science" (The MIT Press Essential Knowledge). The MIT Press, USA, 2018. Kindle Edition.
174.   Kelly, Kevin. "Nuevas reglas para la nueva economía". Granica, Argentina, 1999.
175.   Kelly, Kevin. "The Inevitable: Understanding the 12 Technological Forces That Will Shape Our Future". Kindle Edition. (Viking, USA, 2016).
176.   Kelly, Kevin. "What Technology Wants". Kindle Edition. (PenguinBooks, USA, 2010).
177.   Kennedy, Barbara M. "Deleuze and Cinema. The Aesthetics of Sensation". Edinburgh University Press, Gran Bretaña, 2002. Primera edición en "tapa dura": 2000.
178.   Khalfa, Jean. "Introduction to the Philosophy of Gilles Deleuze". Continuum, Gran Bretaña, 2003.
179.   Khilnani, Avinash. "Genetic Hacking: Your DNA Can Be Hacked!" Editado por Avinash Khilnani, 2013. Kindle Edition.
180.   Kirzner, Israel M: "Competencia y función empresarial". Unión Editorial, Madrid, 1975.
181.   Kleinherenbrink, Arjen.   "Against Continuity: Gilles Deleuze's Speculative Realism". Edinburgh University Press; Edinburgh, 2019.
182.   Koulopoulos, Thomas. "Revealing the Invisible: How Our Hidden Behaviors Are Becoming the Most Valuable Commodity of the 21st Century." Post Hill Press, 2018. Kindle Edition.
183.   Krause, Martín. "La Economía explicada a mis hijos". Aguilar, Altea, Taurus, Alfaguara, SA; Buenos Aires, 2003.
184.   Kurzweil, Ray. "La Singularidad está cerca. Cuando los humanos transcendamos la biología." Lola Books, Madrid, 2° reimpresión, 2015. Kindle Edition.
185.   Lagos, Martín; Llach, Juan J. "Claves del Retraso y del Progreso de la Argentina". Temas Grupo Editorial, Buenos Aires, 2011.
186.   Lambert, Gregg. "The Non-Philosophy of Gilles Deleuze". Continuum, Gran Bretaña, 2002.
187.   Laney, Douglas B. "Infonomics: How to Monetize, Manage, and Measure Information as an Asset for Competitive Advantage". Bibliomotion, USA, 2018. Kindle Edition.

188. Lapoujade, David. "Las Existencias Menores". Cactus, Buenos Aires, 2018.

189. Levy Yeyati, Eduardo. "Después del Trabajo. El Empleo Argentino en la Cuarta Revolución Industrial". Editorial Sudamericana, Buenos Aires, 2018.

190. Lévy, Pierre. "¿Qué es lo virtual?". Paidós, Barcelona, 1999.

191. Lévy, Pierre. "Cibercultura". Editora 34, San Pablo, Brasil, tercera edición, segunda reimpresión, 2014.

192. López Lérida, Joaquín; Mora Pérez, José Juan. "La Economía de Blockchain. Los Modelos de Negocio de la Nueva Web. Kolokium, España, 2016.

193. López-Portillo Romano, José Ramón. "La gran transición. Retos y oportunidades del cambio tecnológico exponencial". FCE, México, 2018. Kindle Edition.

194. Lundy, Craig. "Deleuze's Bergsonism". Edinburgh University Press, Great Britain, 2018.

195. Lynn, Theo; Mooney, John G; Rosati, PIerangelo; Cummins, Mark. "Disrupting Finance: "FinTech and Strategy in the 21st Century." Palgrave Studies in Digital Business & Enabling Technologies. Springer International Publishing, 2019. Kindle Edition.

196. Lynn, Theo; Morrison, John P; Kenny David; editors. "Heterogeneity, High Performance Computing, Self-Organization and the Cloud." Palgrave, 2018. Kindle Edition.

197. Mackay, Robin; editor. "Collapse. Philosophical Research and Development. Volume III". Urbanomic, UK, 2012.

198. Marks, John (editor). "Deleuze and Science". Edinburgh University Press, Gran Bretaña, 2006. "Paragraph: A Journal of Modern Critical Theory", Volume 29, Number 2, July 2006, Special number.

199. Marks, John. "Gilles Deleuze. Vitalism and Multiplicity". Pluto Press, Gran Bretaña, 1998.

200. Marks, Laura U. "The Skin of the Film. Intercultural Cinema, Embodiment, and the Senses". Duke University Press, Durham, USA, 2000.

201. Martin, James; Odell, James J. "Métodos Orientados a Objetos. Consideraciones Prácticas." Prentice Hall, México, 1997.

202. Martínez Martínez, Francisco José. "Ontología y diferencia: la filosofía de Gilles Deleuze". Editorial Orígenes, España, 1986.

203. Marx, Carlos. "Contribución a la Crítica de la Economía Política". Ediciones Estudio, Argentina, 1975.

204. Mason, Paul. "Postcapitalism. A Guide to our Future". Farrar, Straus and Giroux; NY, 2016. Kindle Edition.

205. Massumi, Brian (Editor). "A Shock to Thought. Expresion after Deleuze and Guattari". Routledge, Londres, Gran Bretaña, 2002.

206. Massumi, Brian. "A User's Guide to Capitalism and Schizophrenia. Deviations from Deleuze and Guattari". A Swerve Edition, The MIT Press, Cambridge, Massachussets, USA, 1999 (4ª edición), © 1992 Massachusts Institute of Technology.

207. Massumi, Brian. "Parables For The Virtual. Movement, Affect, Sensation". Duke University Press, Durham, USA, 2002.

208. May, Todd. "Gilles Deleuze. An Introduction". Cambridge University Press. USA, 2005.

209.	May, Todd. "Reconsidering Difference. Nancy, Derrida, Levinas and Deleuze". The Pennsylvania State University Press, University Park, Pennsylvania, USA, 1997.
210.	Mayer-Schönberger; Cukier, Kenneth. "Aprender con Big Data". Turner, Madrid, 2018.
211.	Mayer-Schönberger; Cukier, Kenneth. "Big Data. La revolución de los datos masivos". Turner Noema, Madrid, 2013.
212.	McAffe, Andrew; Brynjolfsson, Erik. "Machine, Platform, Crowd: Harnessing Our Digital Future". Kindle Edition. (W. W. Norton & Company, USA, 2017).
213.	McLuhan, Marshall y Powers, B.R. "La aldea global. Transformaciones en la vida y los medios de comunicación en el siglo XXI". Gedisa, Barcelona, 1990.
214.	McLuhan, Marshall. "La comprensión de los medios como las extensiones del hombre". Diana, México, 1989.
215.	Meister, Jeanne; Mulcahy, Kevin J. "The Future Workplace Experience: 10 Rules For Mastering Disruption in Recruiting and Engaging Employees". Kindle Edition. (McGraw Hill, USA, 2017).
216.	Milei, Javier; Giacomini, Diego Pablo. "Libertad, Libertad, Libertad." Galerna, Buenos Aires, 2019
217.	Milei, Javier; Giacomini, Diego Pablo. "Otra vez Sopa. Maquinita, Infleta y Devaluta." Ediciones B, Buenos Aires, 2018.
218.	Mises, Ludwig von. "La Teoría del Dinero y del Crédito". Unión Editorial, Buenos Aires, 2012.
219.	Mises, Ludwig von: "La acción humana. Tratado de economía". Unión Editorial, Madrid, 1980.
220.	Morgan, Jacob. "The Employee Experience Advantage: How to Win the War for Talent by Giving Employees the Workspaces they Want, the Tools they Need, and a Culture They Can Celebrate". Wiley, USA, 2017. Kindle Edition.
221.	Morgan, Jacob. "The Future of Work: Attract New Talent, Build Better Leaders, and Create a Competitive Organization". (Wiley, USA, 2014).
222.	Morton, Timothy. "Hyperobjects. Philosophy and Ecology after the End of the World". University of Minnesota Press, USA, 2013.
223.	Mosco, Vincent. "La Nube. Big Data en un mundo turbulento." Biblioteca Buridán, Barcelona, 2014.
224.	Negroponte, Nicholas. "Mundo Digital". Ediciones B, Barcelona, 1995. Título original: "Being Digital".
225.	Neyland, Daniel. "The Everyday Life of an Algorithm". Palgrave Pivot, 2018. Kindle Edition.
226.	Nietzsche, Friedrich. "La Voluntad de Poderío". Edaf, Madrid, 1981.
227.	Notar, Natalia. "La televisión del futuro. Streaming, Big Data, On Demand y El Nuevo Espectador." Ariel, Buenos Aires, 2017.
228.	Novick, Marta; Rotondo, Sebastián (Compiladores). "El desafío de las TIC en Argentina. Crear capacidades para la generación de empleo". Naciones Unidas. Impreso en Chile, 2013. Link: https://repositorio.cepal.org/bitstream/handle/11362/3009/S2013168_es.pdf?sequence=1&isAllowed=y
229.	Nutopia; Aronofsky, Darren. "One Strange Rock". TV Nature Documentary, origen USA, estrenada en National Geographic en 2018.

230.   O'Driscoll, Gerald P. (Jr). "Economics as a Coordination Problem. The Contributions of Friedrich A. Hayek". Sheed Andrews and McMeel, Inc; USA, 1977.

231.   Oppenheimer, Andrés. "¡Crear o Morir! La esperanza de América Latina y las cinco claves de la Innovación." Debate, Sexta Edición, Buenos Aires, 2018.

232.   Oppenheimer, Andrés. "¡Sálvese quien pueda! El futuro del trabajo en la era de la Automatización". Debate, Buenos Aires, 2018.

233.   Pardo, José Luis. "Deleuze: Violentar el Pensamiento". Editorial Cincel, 1992, Colombia. Serie "Historia de la Filosofía", número 48.

234.   Pardo, José Luis. "El Cuerpo sin Órganos. Presentación de Gilles Deleuze." Pre-Textos, Valencia, 2011.

235.   Parente, Diego; Crelier, Andrés. "La naturaleza de los artefactos: intenciones y funciones en la cultura material". Prometeo Libros, Buenos Aires, 2015.

236.   Parr, Adrian (editor). "The Deleuze Dictionary". Columbia University Press, Gran Bretaña, 2005.

237.   Patton, Paul & Protevi John, (Editores). "Between Deleuze & Derrida". Continuum, Gran Bretaña, 2004 (reimpresión). Primera edición: 2003.

238.   Patton, Paul (Editor). "Deleuze: A Critical Reader". Blackwell Publishers, Gran Bretaña, 1996.

239.   Patton, Paul. "Deleuze & the Political". Routledge, Londres, Gran Bretaña, 2000.

240.   Pisters, Patricia (Editor). "Micropolitics of Media Culture. Reading the Rhizomes of Deleuze and Guattari". Amsterdam Universtiy Press, Amsterdam, Holanda, 2001.

241.   Pisters, Patricia. "The Matrix of Visual Culture. Working with Deleuze in Film Theory". Stanford University Press, Stanford, California, USA, 2003.

242.   Porter, Michael E. "La Ventaja Competitiva de las Naciones". Vergara, Buenos Aires, 1999.

243.   Posner, Richard A. "El Análisis Económico del Derecho". Fondo de Cultura Económica, México, 2013.

244.   Posner, Richard A. "The Economics of Justice". Harvard University Press, USA, 1981.

245.   Poster, Mark; Savat, David (editors). "Deleuze and New Technology". Edinburgh University Press, Edinburgh, 2009.

246.   Rajchman, John. "The Deleuze Connections". MIT Press, Cambridge, Massachussets, USA, 2000.

247.   Ramez Naam. "The Infinite Resource. The Power of Ideas on a Finite Planet." University Press of New England. USA, 2013. Kindle Edition.

248.   Ravier, Adrián O. "En busca del Pleno Empleo. Estudios de Macroeconomía Austríaca y Economía Comparada". Unión Editorial, Buenos Aires, 2010.

249.   Reese, Byron. "The Fourth Age. Smart Robots, Conscious Computers, and the Future of Humanity." Atria, NY, 2018.

250.   Reiser + Umemoto. "Atlas of Novel Tectonics". Princeton Architectural Press, New York. China, 2006.

251.   Rella, Franco. "The Myth of the Other. Lacan, Deleuze, Foucault, Bataille". Maisonneuve Press, Washington, D.C, USA, 1994. PostModern Positions, Volume 7.

252.   Rheingold, Howard. "Multitudes Inteligentes. La próxima revolución social." Gedisa, Barcelona, 2004.

253.   Richmond, Frank. "Exposing Blockchain: An Inside Look at the Technology Behind Smart Contracts, Cryptocurrency Wallets, Cryptocurrency Mining, Bitcoin, and other Digital Coins (Ethereum, Litecoin, Ripple and More)". 2018, Kindle Edition.

254.   Rifkin, Jeremy. "El Fin del Trabajo. Nuevas tecnologías contra puestos de trabajo: el nacimiento de una nueva era". Paidós, Barcelona, 1996.

255.   Rifkin, Jeremy. "La Economía del Hidrógeno. La creación de la red energética mundial y la redistribución del poder en la Tierra." Paidós, Buenos Aires, 2002.

256.   Rifkin, Jeremy. "La Era del Acceso. La revolución de la nueva economía. Paidós, Buenos Aires, 2000.

257.   Rodowick, D.N. "Gilles Deleuze's Time Machine". Duke University Press, Durham, USA, 2000.

258.   Rodríguez, Pablo. "Historia de la Información. Del nacimiento de la estadística y la matemática moderna a los medios masivos y las comunidades virtuales." Capital Intelectual, Buenos Aires, 2012.

259.   Rodríguez, Pablo. "Las Palabras en las Cosas. Saber, poder y subjetivación entre algoritmos y biomoléculas." Cactus, Buenos Aires, 2019.

260.   Rose, David. "Enchanted Objects: Innovation, Design, and the Future of Technology". Kindle Edition. (Scribner/Simon&Schuster, USA, 2014).

261.   Ross, Alek. "The Industries of the Future". Kindle Edition. (Simon & Schuster, USA, 2016).

262.   Rothbard, Murray N. "Hacia una nueva Libertad. El Manifiesto Libertario". Grito Sagrado Editorial, Buenos Aires, 2005, página 251.

263.   Rothbard, Murray Newton: "Man, Economy and State. A Treatise on Economic Principles". Nash Publishing, Los Angeles, 1970.

264.   Rouhiainen, Lasse. "Artificial Intelligence: 101 Things You Must Know Today About Our Future". Edited by Cindy Estra, USA, 2018. Kindle Edition.

265.   Rudder, Christian. "Dataclysm: Love, Sex, Race, and Identity--What Our Online Lives Tell Us about Our Offline Selves". Kindle Edition. (Broadway Books, USA, 2015).

266.   Sadin, Éric. "La Humanidad Aumentada. La administración digital del mundo". Caja Negra, Buenos Aires, 2018.

267.   Sauvagnargues, Anne. "Artmachines. Deleuze, Guattari, Simondon." Edinburgh University Press, USA, 2016.

268.   Sauvagnargues, Anne. "Deleuze. Del animal al arte." Amorrortu, Buenos Aires, 2006.

269.   Scavino, Dardo F: "Barcos sobre La Pampa. Las formas de la guerra en Sarmiento". Ediciones El Cielo por Asalto, Buenos Aires, 1993.

270.   Scavino, Dardo. "Nomadología. (Una lectura de Deleuze)". Ediciones del Fresno, Buenos Aires, 1991.

271.   Schwab, Klaus. "The Fourth Industrial Revolution". Kindle Edition. (Crown Business, USA, 2017).

272.   Senor, Dan. "Start-Up Nation: the Story of Israel's Economic Miracle". Link: file:///C:/Users/dell/Downloads/START%20UP%20NATION%20-%20libro%20pdf.pdf

273.   Shapiro, Robert J. "2020: un nuevo paradigma. Cómo los retos del futuro cambiarán nuestro modo de vivir y trabajar." TendenciasEditores, Barcelona, 2008. Anderson, Chris. "Makers: The New Industrial Revolution". Kindle Edition. (Crown Business, USA, 2014).

274.   Simondon, Gilbert. "Curso sobre La Percepción". Cactus, Buenos Aires, 2012.

275.   Simondon, Gilbert. "El Modo de Existencia de los Objetos Técnicos". Prometeo Libros, Buenos Aires, 2008.

276.   Simondon, Gilbert. "Imaginación e Invención". Cactus, Buenos Aires, 2013.

277.   Simondon, Gilbert. "La Individuación a la Luz de las Nociones de Forma y de Información". Cactus, Buenos Aires, 2° edición, 2014.

278.   Simondon, Gilbert. "Sobre la Técnica". Cactus, Buenos Aires, Buenos Aires, 2017.

279.   Skinner, Chris. "Digital Human: The Fourth Revolution of Humanity Includes Everyone". Kindle Edition. (Wiley, USA, 2018).

280.   Smith, Daniel W. "Essays on Deleuze". Edinburgh University Press, Great Britain, 2012.

281.   Smith, Daniel and Somers-Hall, Henry. "The Cambridge Companion to Deleuze". Cambridge University Press, USA, 2018.

282.   Sosa Escudero, Walter. "Big Data". Siglo Veintiuno Editores, Argentina, 2019.

283.   Souriau, Etienne. "Los Diferentes Modos de Existencia". Cactus, Buenos Aires, 2017.

284.   Spencer, Quinn. "Artificial Intelligence: What Human Machines Will Do in the Future". Kindle Edition. (Publicación independiente, 29 de mayo 2018).

285.   Spencer, Quinn. "Neural Networks: Deep Learning and Machine Learning Outlined". Publicación independiente, 2018. Kindle Edition.

286.   Srnicek, Nick; Williams, Alex. "Inventing the Future. Postcapitalism and World Without Work." Verso, UK, 2016.

287.   Stiegler, Bernard. "Automatic Society. The Future of Work". PolityPress, Gran Bretaña, 2016.

288.   Stiegler, Bernard. "Lo que hace que la vida merezca ser vivida. De la farmacología." Avarigani, España, 2015.

289.   Stivale, Charles J. (editor). "Gilles Deleuze. Key Concepts". McGill-Queen's University Press, Gran Bretaña, 2005.

290.   Stivale, Charles J. "The Two-Fold Thought of Deleuze and Guattari". The Guilford Press, NY, USA, 1998.

291.   Stohn, Max. "How To Understand Data And The Digital Transformation." 2018, Kindle Edition.

292.   Stordeur, Eduardo. "Introducción al Análisis Económico del Derecho". Abeledo-Perrot, Buenos Aires, 2010.

293.   Strong, Jason. "Future You: Essential Future Technologies You Need To Know To Survive The Digital Era." Publicación independiente, USA, 2018. Kindle Edition.

294.   Susskind, Jamie. "Future Politics". Oxford University Press, UK, 2018. . Kindle Edition.

295.   Susskind, Richard. "The End of Lawyers? Rethinking the Nature of Legal Services". Susskind, Richard. Oxford University Press, Gran Bretaña, 2010.

296.   Susskind, Richard. "Tomorrow's Lawyers. An Introduction to Your Future." Oxford University Press, UK, 2° edition, 2017. Kindle Edition.

297.   Susskind, Richard; Susskind, Daniel. "The Future of the Professions: How Technology Will Transform the Work of Human Experts". Kindle Edition. (Oxford, Gran Bretaña, 2015).

298.   Suzuki, Yasuhiro; Nakagaki, Toshiyuki; editors. "Natural Computing and Beyond." Springer Japan, 2012. Kindle Edition.

299.   Tandon, Nina; Joachim, Mitchell. "Super Cells: Building with Biology". (TED Books, Book 41, 2014.   Kindle Edition.

300.   Tapscott, Don y Williams, Anthony D. "Macrowikinomics. Nuevas Fórmulas para impulsar la Economía Mundial". Paidós, Buenos Aires, 2012.

301.   Tapscott, Don y Williams, Anthony D. "Wikinomics. La nueva economía de las multitudes inteligentes". Paidós, Barcelona, 2007.

302.   Tapscott, Don. "La economía digital. Las nuevas oportunidades y peligros en un mundo empresarial y personal interconectado en red". McGraw Hill, Colombia, 1997.

303.   Tapscott, Don; Tapscott, Alex. "La Revolución Blockchain. Descubre Cómo esta Nueva Tecnología Transformará la Economía Global". Deusto, España, 2017.

304.   Tegmark, Max. "Vida 3.0 Ser Humano en la Era de la Inteligencia Artificial". Kindle Edition, 2018. (Editorial Taurus, Madrid, España, 2018).

305.   Tomlinson, John. "Globalización y cultura". Oxford University Press, México, 2001.

306.   Toscano, Alberto. "The Theater of Production. Philosophy and Individuation between Kant and Deleuze". Palgrave Macmillan, Gran Bretaña, 2006.

307.   Tunguz, Tomasz; Bien, Frank. "Winning with Data: Transform Your Culture, Empower Your People, and Shape the Future". Wiley, USA, 2016. Kindle Edition.

308.   Valls, Josep-Francesc. "Big Data: atrapando al consumidor." Profit editorial, Barcelona, 2017.

309.   Vance, Ashlee. "Elon Musk. Tesla, SpaceX, and the Quest for a fantastic Future." Virgin Digital, USA, 2015. Kindle Edition.

310.   Virilio, Paul. "Dromología: la lógica de la carrera". Revista "Letra 39 Internacional", Madrid, Julio-Agosto 1995.

311.   Virilio, Paul. "El Arte del Motor. Aceleración y Realidad Virtual". Ediciones Manantial, Buenos Aires, 1996.

312.   Williams, James. "Gilles Deleuze's Difference and Repetition: A Critical Introduction and Guide". Edinburgh, Universtiy Press. Gran Bretaña, 2004 (reimpresión).

313.   Williams, James. "The Transversal Thought of Gilles Deleuze: Encounters and Influences". Clinamen Press. Gran Bretaña, 2005.

314.   Wolfe, Cary. "Critical Environments. Postmodern Theory and the Pragmatics of the «Outside»". University of Minnesota Press, Minneapolis, USA, 1998.

315.   World Economic Forum.   "The Future of Jobs Report 2018". Switzerland, 2018.

316.   Yao, Mariya; Jia, Marlene; Zhoue, Adelyn. "Applied Artificial Intelligence. A Handbook for Business Leaders". Topbots, USA, 2018.

317.   Zepke, Stephen. "Art as Abstract machine. Ontology and Aesthetics in Deleuze and Guattari". Routledge, New York, USA, 2005.

318.   Zourabichvili, Francois. "Deleuze. Una filosofía del acontecimiento". Amorrortu, Buenos Aires, 2004.

319.   Zourabichvili, Francois. "El vocabulario de Deleuze". Atuel, Buenos Aires, 2007.